ORDONNANCE
DU ROI,
CONCERNANT
LE CORPS-ROYAL
DE L'ARTILLERIE.

Du 3 Novembre 1776.

A PARIS,
DE L'IMPRIMERIE ROYALE.

―――――――――

M DCCLXXVI.

7. Novembre 1776.

TABLE
DES
TITRES ET ARTICLES
Contenus dans cette Ordonnance.

TITRE PREMIER.

COMPOSITION du Corps-royal de l'Artillerie. Page 1

ARTICLES de ce Titre.

DES ARTICLES. iij

TITRE II.

ARTICLES de ce Titre.

TITRE III.

ARTICLES de ce Titre.

TITRE IV.

TITRE V.

ARTICLES de ce Titre.

TITRE VI.

ARTICLES de ce Titre.

TITRE VII.

ARTICLES de ce Titre.

Instruction

TITRE VIII.

ARTICLES de ce Titre.

TITRE IX.

ARTICLES de ce Titre.

TITRE X.

ARTICLES de ce Titre.

ORDONNANCE

ORDONNANCE
DU ROI,

Concernant le Corps-royal de l'Artillerie.

Du 3 Novembre 1776.

DE PAR LE ROI.

SA MAJESTÉ s'étant fait représenter les Ordonnances antérieures, concernant son Corps-royal de l'Artillerie; & voulant faire connoître ses intentions sur la composition & le service dudit Corps, Elle a ordonné & ordonne ce qui suit:

TITRE I.er

Composition du Corps-royal de l'Artillerie.

ARTICLE PREMIER.

LES Troupes du Corps-royal, consisteront en sept régi-mens & neuf compagnies d'Ouvriers; Sa Majesté entend aussi que les six compagnies de Mineurs, quoique faisant

Troupes du Corps-royal.

A

un Corps particulier, continuent cependant à faire partie dudit Corps-royal, tant pour entretenir dans lesdites compagnies la discipline, l'ordre & l'esprit militaire qu'il est essentiel d'y conserver, que pour pouvoir procurer de l'avancement aux Officiers de ces compagnies.

Ces Troupes conserveront le rang qu'elles ont dans l'Infanterie.

2.

Officiers employés dans les Places.

INDÉPENDAMMENT des Officiers attachés aux Troupes ci-dessus, Sa Majesté entretiendra pour le service de l'Artillerie, cent vingt-sept Officiers; savoir, dix Inspecteurs généraux, dont un sous le titre de *premier Inspecteur du Corps;* six Commandans en chef des Écoles, Sa Majesté jugeant à propos de supprimer la septième École; vingt-deux Colonels-directeurs, vingt-sept Lieutenans-colonels, dont quatre Inspecteurs de manufactures d'armes; & vingt-trois Sous-directeurs: Sa Majesté entretiendra aussi soixante-deux Capitaines en premier, résidans dans les Places.

3.

Composition des régimens.

CHACUN des sept régimens, sera composé de deux bataillons de Canonniers & de Sapeurs, & de quatre compagnies de Bombardiers.

Composition des bataillons & des brigades.

Chaque bataillon sera formé de deux brigades, dont une sera composée de quatre compagnies de Canonniers, & l'autre de trois compagnies de Canonniers & d'une compagnie de Sapeurs.

Les quatre compagnies de Bombardiers formeront une cinquième brigade.

Chacune d'elles sera commandée par un Chef de brigade, dont le grade équivaudra à celui de Major, & lui en donnera le rang par-tout où il se trouvera.

4.

Officiers des compagnies de Canonniers & de Bombardiers.

CHAQUE compagnie de Canonniers & de Bombardiers, sera commandée en tout temps par un Capitaine en premier, un Lieutenant en premier, un Lieutenant en

3

second, & un en troisième ; ce dernier sera tiré des Sergens-majors, & sera toujours le dernier Lieutenant de la compagnie ; il ne pourra prétendre qu'aux emplois de Quartier-maître & d'Aide-major.

TITRE Ier

5.

CHAQUE compagnie de Sapeurs, sera commandée supérieurement par le Chef de la brigade dans laquelle elle se trouvera, il en sera le Capitaine titulaire ; & il sera attaché à chacune de ces compagnies un Capitaine en second, pour la commander dans tous les cas de service, & en rendre au Capitaine titulaire les comptes que celui-ci en demandera. Ce Capitaine-commandant fera, à la guerre & dans les places, le même service que les Capitaines en premier.

Officiers des compagnies de Sapeurs.

Indépendamment du Chef de brigade & du Capitaine en second, il sera attaché à chacune de ces compagnies, trois Officiers subalternes, du même rang que ceux des compagnies de Canonniers & de Bombardiers.

6.

LES compagnies de Canonniers & de Sapeurs, seront composées d'un Sergent-major, quatre Sergens, un Fourrier, lequel n'existera qu'en temps de guerre ; quatre Caporaux, quatre Appointés, huit Canonniers ou Sapeurs de la première classe, seize de la deuxième, trente-deux Apprentis & un Tambour, formant soixante-onze hommes.

Composition des compagnies de Canonniers & de Sapeurs.

7.

CHAQUE compagnie de Bombardiers, sera composée d'un Sergent-major, quatre Sergens, un Fourrier, lequel n'existera qu'en temps de guerre ; quatre Caporaux, quatre Appointés, quatre Artificiers, quatre Bombardiers de la première classe, seize de la deuxième, trente-deux Apprentis & un Tambour, formant soixante-onze hommes.

Composition des compagnies de Bombardiers.

8.

LES Caporaux, les Appointés, les Canonniers, Artificiers, Bombardiers ou Sapeurs, & les Apprentis de

Division des compagnies par escouades.

chacune desdites compagnies, seront distribués en quatre escouades, chacune desquelles sera commandée par un Sergent, un Caporal & un Appointé, & supérieurement par un Officier ou par un Sergent-major.

9.

SA MAJESTÉ ayant jugé à propos de créer, en vertu de la présente Ordonnance, dans chacun des régimens du Corps-royal, un Quartier-maître-trésorier & un Armurier; & dans chaque compagnie de Canonniers, Bombardiers, Sapeurs, Mineurs & Ouvriers, un Sergent-major, Elle supprime les deux Sous-aides-majors, le Quartier-maître, le Trésorier & les six Musiciens qui existent par régiment. Les Adjudans qui sont actuellement dans les compagnies, seront établis sous la dénomination de Lieutenans en troisième.

Composition de l'État-major.

Au moyen de ces dispositions, l'État-major de chacun des régimens du Corps-royal de l'Artillerie, sera composé d'un Colonel, un Lieutenant-colonel, cinq Chefs de brigade, un Major, un Aide-major, un Quartier-maître-trésorier, un Tambour-major, un Aumônier, un Chirurgien & un Armurier.

I O.

Capitaines en second attachés à la suite des régimens.

IL sera attaché à la suite de chaque régiment, dix Capitaines en second, indépendamment des deux qui commandent les compagnies de Sapeurs.

I I.

Fonctions des Colonels ou Lieutenans-colonels.

LES fonctions des Colonels & Lieutenans-colonels, autres que celles des Officiers de même grade dans l'Infanterie, seront détaillées aux Titres des différens services.

I 2.

Fonctions des Chefs de brigade.

LES Chefs de brigade & le Major, rouleront entr'eux pour le commandement du régiment, suivant leur ancienneté; ils commanderont sous l'autorité du Colonel & du Lieutenant-colonel, non-seulement les quatre compagnies dont leurs brigades seront composées, mais encore

celles

466.

5

celles qui y seront jointes quand le service l'exigera. Ils seront de plus spécialement chargés de veiller à l'instruction des Officiers de leurs brigades, de diriger leurs études, de suivre leur progrès, de leur enseigner les applications à faire de la théorie à la pratique, & enfin de leur donner toutes les connoissances relatives aux opérations militaires & aux détails de l'Artillerie, qui ne sont pas de la compétence des Professeurs de Mathématiques.

Ils rempliront, en guerre, les fonctions qui leur seront prescrites, aux Titres *du service de campagne* & de celui *de siège.*

Ceux des Chefs de brigade qui seront Capitaines titulaires des compagnies de Sapeurs, veilleront supérieurement à la discipline, à la tenue & au bien-être des Soldats de ces compagnies.

13.

LE Major roulera, pour le commandement du régiment, suivant son ancienneté, avec les Chefs de brigade; & au besoin, il remplacera ceux-ci dans leurs fonctions; il sera chargé, sous les ordres de ses Supérieurs, de diriger les exercices d'Infanterie & de veiller sur tous les détails de la Troupe.

14.

L'AIDE-MAJOR sera personnellement chargé d'établir l'uniformité dans le service & les exercices d'Infanterie qui seront réglés pour les régimens du Corps-royal; il rassemblera les détails & les comptes que les Lieutenans en troisième lui rendront de chaque compagnie, pour en faire le rapport au Major.

Il sera de plus chargé supérieurement du logement, du campement & des distributions; & sera aidé dans ces dernières fonctions par le Quartier-maître-trésorier.

Il sera encore chargé de l'exécution des ordres du Conseil d'administration, sur la confection de l'habillement, l'entretien & les menues réparations de la Troupe.

B

Cet Aide-major aura rang de Lieutenant en premier, & ne pourra prétendre à aucun autre avancement dans le Corps; mais il roulera, du jour de sa nomination à l'aide-majorité, avec les Capitaines en second des compagnies de Canonniers-invalides, pour parvenir au commandement desdites compagnies.

I 5.

LE Quartier-maître-trésorier de chaque régiment, sera chargé de tenir les registres de recette & de dépense, & de recevoir l'argent qu'il déposera dans la caisse; il remplira aussi, sous l'Aide-major, les fonctions relatives aux logemens, aux campemens & aux distributions.

Il aura rang de Lieutenant en second, & ne pourra prétendre dans le Corps qu'à l'aide-majorité; & du jour de sa nomination, il roulera, ainsi que l'Aide-major, avec les Capitaines en second des compagnies de Canonniers-invalides, pour parvenir au commandement de ces compagnies.

I 6.

LES Capitaines en second, autres que ceux des compagnies de Sapeurs, étant destinés, en temps de guerre, à être chargés des détails à la suite des différens équipages d'Artillerie, ils seront occupés pendant la paix, des objets qui peuvent perfectionner leur instruction; on les fera passer à cet effet dans les forges, manufactures d'armes, Arsenaux de constructions, fonderies; & dans les Places où il y aura des travaux ou de grands mouvemens, ils aideront les Officiers supérieurs chargés de ces différentes parties.

Les Capitaines en second des régimens qui feront la guerre, seront employés aux mêmes armées que ces régimens, à moins que des raisons particulières ne les rendent nécessaires à quelqu'autre service.

I 7.

LES Capitaines en premier devant être chargés par-

7

ticulièrement de l'instruction des Officiers & des Soldars, dans les exercices de théorie & de pratique d'Artillerie, Sa Majesté veut bien qu'ils ne le soient pas directement des objets qui concernent la tenue & la discipline, dont les Lieutenans en troisième seront spécialement chargés, & sur lesquels cependant ils seront obligés de veiller.

Quant aux exercices qui ont purement rapport à l'Infanterie, quoique les Lieutenans en troisième soient chargés de l'instruction du Soldat, les Capitaines & autres Officiers ne pourront se dispenser de commander ces exercices quand il leur sera ordonné.

Les Capitaines veilleront aussi avec beaucoup d'attention à tout ce qui pourra contribuer au bien-être des Soldats & à leur entretien; déclarant Sa Majesté qu'Elle fera punir sévèrement, suivant l'exigence des cas, tous ceux qui y auront apporté quelque négligence.

18.

CHACUN des Lieutenans en premier ou en second, sera spécialement chargé, ainsi qu'il a été dit, du commandement d'une des quatre escouades de la compagnie, dans tous les cas du service de l'Artillerie.

Sa Majesté les dispense de suivre habituellement les exercices d'Infanterie, ainsi que ce qui tient à la tenue & à la discipline, afin qu'ils puissent se livrer plus particulièrement aux objets propres à l'Artillerie.

Cependant le Capitaine aura attention de leur faire faire de temps en temps ces fonctions, afin qu'ils les connoissent bien, & qu'ils soient en état de les remplir au besoin.

19.

LES Lieutenans en troisième, commanderont, ainsi que les autres Officiers, une des escouades de la compagnie, dans tous les cas du service de l'Artillerie.

Ils seront subordonnés à l'Aide-major, & ils seront spécialement chargés de la tenue & de la discipline de la compagnie à laquelle chacun d'eux sera attaché, de remplir les fonctions dont les Officiers subalternes sont chargés dans les compagnies d'Infanterie, de rassembler les détails des Sergens, & enfin d'avoir attention à ce que les menues réparations soient faites à mesure & en conséquence des ordres du Conseil d'administration, se faisant aider dans ces fonctions par le Sergent-major; ils en rendront compte à l'Aide-major, après en avoir informé le Capitaine, ainsi que de tout ce qui se passera dans la compagnie concernant le service, la discipline & le bon ordre.

Ils feront, en bataille, aux siéges & aux écoles de pratique, le même service que les autres Officiers subalternes des compagnies.

Dans les cas de détachement d'un bataillon, d'une brigade ou de plusieurs compagnies, l'un des Lieutenans en troisième, au choix du Major, sera chargé de faire les fonctions d'Aide-major du détachement, & d'en rassembler les détails pour les reporter à celui du régiment.

20.

SA MAJESTÉ jugeant qu'il est indispensable que les Inspecteurs généraux de son Corps-royal, soient tirés dudit Corps; jugeant aussi que les fonctions qu'ils ont à remplir à la guerre, & même en temps de paix, exigent d'eux des forces qu'on ne pourroit attendre de leur âge, s'ils ne parvenoient à ce grade que par leur ancienneté: considérant de plus, que le service de l'Artillerie exige des talens, de l'application & des connoissances de tous les Officiers, sur-tout des Supérieurs, & que plusieurs d'entr'eux pourroient par leurs qualités prétendre à de nouveaux grades, pendant que leur âge ou leurs infirmités les mettroient hors d'état d'en remplir les fonctions; Elle entend que ces derniers ne soient nommés qu'à des grades ou emplois dont ils puissent s'acquitter, de manière à répondre à ses vues, en même temps qu'ils y trouveront des avantages particuliers: Elle les regardera dans lesdits emplois, comme

des

9

des Officiers placés ; mais Elle se réserve de marquer d'ailleurs sa satisfaction à ceux d'entr'eux que le seul défaut de forces aura fixés ; son intention étant que dans son Corps-royal, l'avancement soit accordé au mérite & aux talens, de préférence à l'ancienneté.

TITRE Ier

21.

SA MAJESTÉ choisira, d'après ce principe, parmi les Commandans d'École, les Officiers qui lui paroîtront le plus susceptibles d'être élevés au grade d'Inspecteur général.

Choix des Officiers supérieurs.

Elle choisira de même les Commandans d'École parmi les Colonels, les Colonels parmi les Lieutenans-colonels, & ceux-ci parmi les Chefs de brigade ou Majors.

Sur cinq emplois de Chefs de brigade ou Majors, il en sera donné trois au choix & deux à l'ancienneté ; bien entendu cependant que l'ancienneté ne sera un titre qu'autant que les infirmités ou le défaut d'aptitude au commandement ne l'exclueroient pas.

Les compagnies de Bombardiers seront données aux plus anciens Capitaines de Sapeurs des régimens dans lesquels elles vaqueront, & les places de Capitaines en second de Sapeurs au plus ancien Capitaine en second, attaché au régiment, à moins que les uns & les autres n'eussent démérité ou marqué de la négligence dans les emplois qu'ils auront exercés.

Les emplois de Capitaine en second & de Lieutenant en premier, seront donnés un tiers au mérite & les deux tiers à l'ancienneté. Ceux de Lieutenant en second seront donnés de même, tant qu'il subsistera des surnuméraires.

La nomination des Chefs de brigade ou Majors, commencera par les trois de choix ; celles des Capitaines en second, Lieutenant en premier & Lieutenant en second de chaque régiment, commenceront aussi par le choix.

22.

POUR faire mieux connoître les Officiers propres à

C

TITRE I.er
Ordre à observer
pour l'avancement
des Capitaines
en premier,
&
des Lieutenans.

remplir les différens emplois, le Commandant de l'École assemblera chaque année les Colonel, Lieutenant-colonel, Chefs de brigade & Major du régiment, pour désigner, sans aucun égard à l'ancienneté, à la pluralité des voix, parmi les Capitaines en premier, les trois sujets les plus dignes d'être élevés au grade de Chefs de brigade ou Major; & parmi les Lieutenans en premier & en second, ainsi que parmi les surnuméraires (tant qu'il en restera suffisamment) les trois sujets les plus dignes d'être avancés: chacun d'eux signera son avis, & ce choix sera remis par le Commandant de l'École à l'Inspecteur, lors de sa revue, lequel le remettra avec son avis au premier Inspecteur, pour en rendre compte au Secrétaire d'État de la guerre.

Quant aux Capitaines & Lieutenans d'Ouvriers, & aux Capitaines employés dans les forges ou manufactures, Sa Majesté se réserve de pourvoir à leur avancement, sur les comptes qui seront rendus par les Inspecteurs, d'après ceux que les Directeurs des Arsenaux où ces Officiers auront été employés, leur remettront par écrit.

L'avancement des Capitaines & Lieutenans de Mineurs, dépendra du compte qui sera rendu dans la même forme, de leur conduite & de leurs talens, par le Commandant de l'École de ce Corps, & par l'Inspecteur.

23.

Les Capitaines
en second,
& les Lieutenans,
ne rouleront
que dans
leurs régiment,
pour leur
avancement.

LES Lieutenans en premier & en second, ne rouleront, pour leur avancement, que dans leurs régimens: Les Capitaines en second ne rouleront de même que dans le régiment auquel ils seront attachés, pour monter aux compagnies.

24.

Choix
de l'Aide-major
& du
Quartier-maître-
trésorier.

LORSQU'IL s'agira de choisir un Aide-major, tous les Officiers supérieurs du régiment, s'assembleront chez le Commandant de l'École, où chacun d'eux donnera sa voix par écrit; le choix ne pourra tomber que sur le Quartier-maître ou sur l'un des Lieutenans en troisième, sans aucun

11.

égard à l'ancienneté. Ceux des Chefs de brigade qui se trouveroient absens, seront remplacés par le plus ancien Capitaine de leur brigade.

Le Commandant de l'École adressera ces avis en original, avec le sien, à l'Inspecteur général, qui les fera passer, avec ses observations particulières, au premier Inspecteur, pour en rendre compte au Secrétaire d'État de la guerre.

Dans le cas où le régiment seroit la guerre, le choix se fera, comme il est prescrit ci-dessus, en remplaçant le Commandant de l'École par celui de. Commandans en second de l'Artillerie, dans la division duquel se trouvera la plus forte partie du régiment: L'Inspecteur sera de même remplacé par le Commandant en chef de l'Artillerie.

On observera les mêmes formalités pour le choix du Quartier-maître-trésorier, qui sera pris, sans aucun égard à l'ancienneté, parmi les Lieutenans en troisième.

25.

LES Lieutenans en troisième devant être tirés des Sergens-majors, lorsqu'il vaquera une place de Lieutenant en troisième, les cinq Chefs de brigade & le Major s'assembleront chez le Lieutenant-colonel, pour, avec lui, choisir, à la pluralité des voix, trois sujets non mariés qu'ils croiront les plus propres à remplir la place vacante; observant cependant de donner la préférence, autant que faire se pourra, aux Sergens-majors de Canonniers, quand la place vaquera dans une compagnie de Canonniers; aux Sergens-majors de Bombardiers, quand elle vaquera dans une compagnie de Bombardiers ; & à ceux de Sapeurs, quand ce sera dans une compagnie de Sapeurs.

Choix des Lieutenans en troisième.

Le Lieutenant-colonel présentera l'élection des trois sujets au Colonel, qui remettra ladite élection au Commandant de l'École, avec son avis sur celui des trois sujets qu'il jugera le plus digne; & celui-ci fera passer le tout, avec son avis particulier, à l'Inspecteur général, qui l'adressera, avec ses observations, au premier Inspecteur, lequel en rendra compte au Secrétaire d'État ayant le département de la guerre. Dans le cas où cette élection se feroit à l'armée, & dans celui où quelque Chef de brigade seroit absent, les remplacemens des électeurs se feroit comme il est dit à l'article ci-dessus.

26.

Fonctions des Sergens-majors.

LE Sergent-major commandera la quatrième escouade de la compagnie aux Écoles & en bataille : Mais dans les siéges & dans les autres occasions du service, il ne sera employé aux batteries & aux détachemens, que dans le cas de nécessité, & lorsqu'il sera commandé.

Il aidera & suppléera le Lieutenant en troisième dans les détails du service & de la discipline ; & sera chargé, sous son autorité, de l'instruction des Recrues.

Il sera de plus chargé, en temps de paix, à la place du Fourrier, du détail des subsistances, des distributions, du logement & de la propreté du quartier de sa compagnie.

27.

Fonctions des Sergens.

CHAQUE Sergent commandera une escouade sous l'autorité des Officiers de sa compagnie & du Sergent-major : Il l'exercera, la maintiendra en bonne discipline & police ; & rendra compte au Sergent-major ou au Lieutenant en troisième de la compagnie, ainsi qu'il lui sera ordonné, de tous les détails qui concerneront ladite escouade.

28.

Fonctions des Fourriers.

LES Fourriers qui n'existeront qu'en temps de guerre, seront subordonnés à l'Aide-major & au Quartier-maître ; ils seront chargés, sous leurs ordres, du détail de toutes les subsistances, des distributions, du logement, du campement, de la propreté du quartier & du camp, & de plus, suppléeront au besoin les Sergens de la compagnie.

29.

Fonctions des Caporaux.

LES Caporaux aideront les Sergens dans leurs fonctions ; ils les remplaceront au besoin dans le commandement

des

13

des escouades, & ils pourront eux-mêmes être suppléés par les Appointés, si les circonstances l'exigent.

30.

POUR choisir un Sergent-major, le plus ancien Capitaine présent à la brigade où vaquera ladite place, assemblera les Lieutenans en troisième de ladite brigade, pour faire, parmi les Sergens de la brigade, le choix de quatre sujets qui aient au moins seize ans de service, ou qui, en temps de guerre, aient passé le centre des Sergens.

Choix des Sergens-majors.

Ce premier choix sera porté au Chef de la brigade, qui assemblera les quatre Capitaines, ou, en leur absence, les Commandans des compagnies, pour, à la pluralité des voix, choisir entre ces quatre sujets, les deux qu'ils croiront les plus dignes.

Cette seconde élection sera remise au Colonel du régiment, qui, d'après l'avis de son Etat major, nommera celui des deux qui devra remplir la place.

Dans le cas où il ne se trouveroit pas de sujets convenables, le même Chef de brigade sera autorisé à demander qu'il soit procédé, dans une autre brigade, à une pareille élection, à laquelle il présidera conjointement avec le Chef de la brigade d'où le sujet devra être tiré.

Les emplois de Sergens-majors, ne pourront jamais, pour quelque cause que ce soit, être donnés à des Sergens ou Fourriers convaincus d'avoir déserté.

31.

LORSQU'IL vaquera une place de Sergent ou de Fourrier dans une compagnie, le Sergent-major & les deux plus anciens Sergens de cette compagnie, le Sergent-major & le plus ancien Sergent de chacune des trois autres compagnies de la brigade dans laquelle la place sera vacante, s'assembleront pour indiquer, parmi les Caporaux, Appointés & Canonniers de la première classe, six sujets dans ladite brigade qui sachent lire & écrire, & qu'ils croiront les plus propres à remplir cette place; ils en porteront

Choix des Sergens & Fourriers.

D

l'état au Chef de leur brigade, ou en son absence, au plus ancien Capitaine, lequel assemblera chez lui le plus ancien Officier présent au Corps, de chacune des quatre compagnies, pour choisir, à la pluralité des voix, trois sujets du nombre des six proposés : ce Chef les présentera ensuite au Commandant du régiment, qui nommera celui des trois qu'il jugera le plus propre à remplir la place vacante.

Lorsque deux compagnies se trouveront détachées ensemble, elles fourniront le même nombre d'Officiers, les deux Sergens-majors & six Sergens pour procéder à la nomination de trois sujets, sur lesquels le Commandant desdites compagnies prendra les ordres de son Chef de brigade.

Si le détachement n'étoit composé que d'une compagnie, & qu'il y eût une place de Sergent vacante, le Sergent-major & les Sergens indiqueront au Commandant de la compagnie, le nombre de sujets ci-dessus prescrit; & ce Commandant assemblera chez lui les autres Officiers de ladite compagnie, pour en choisir trois, sur lesquels il prendra de même les ordres de son Chef de brigade.

Si dans l'un ou l'autre cas, le détachement se trouvoit au-delà des Mers, comme alors le Commandant dudit détachement ne seroit pas à portée de prendre les ordres de son Chef de brigade, il fera élire, comme ci-devant, trois sujets, & il choisira & installera celui des trois qu'il croira mériter la préférence.

3 2.

LORSQU'IL vaquera une place de Caporal ou d'Artificier, le Sergent-major, les Sergens & l'ancien Caporal de la compagnie où la place sera vacante, s'assembleront chez leur Capitaine pour élire trois sujets de ladite compagnie; le Capitaine les présentera au Chef de sa brigade, lequel en choisira un des trois, & le fera agréer par le Commandant du régiment. On aura attention, dans ces élections, de donner, à mérite égal, la préférence à l'ancienneté.

15

33.

LES places d'Appointés appartiendront de droit aux plus anciens Canonniers, Artificiers, Bombardiers ou Sapeurs de chaque compagnie. A l'égard des Canonniers, Bombardiers & Sapeurs de la première classe, ils seront pris dans la compagnie où la place sera vacante, parmi ceux de la seconde classe : En conséquence, les deux premiers Officiers de ladite compagnie, & le Lieutenant en troisième, en présence du Chef de brigade, examineront le plus ancien des Soldats de la seconde classe; & s'il est jugé en état de bien remplir les fonctions de Chef de pièce, on lui donnera la place vacante dans la première classe; sinon on passera à l'examen du second, & ainsi de suite jusqu'à ce qu'on en trouve un qui soit en état d'occuper ladite place.

TITRE I.er
Choix des Appointés & hautes-payes.

34.

SA MAJESTÉ ayant réduit à six le nombre des compagnies de Mineurs, Elle supprime la septième, & Elle ordonne que les bas Officiers & Soldats en soient répartis dans les autres compagnies. Les bas Officiers & Mineurs serviront comme Surnuméraires dans leurs grades, jusqu'à la vacance des premières places, & ils jouiront, en attendant, de la paye qu'ils ont actuellement.

Suppression d'une compagnie de Mineurs.

35.

LES six compagnies de Mineurs, formeront un Corps particulier, & seront rassemblées dans l'École établie pour leur instruction, jusqu'à ce qu'il plaise à Sa Majesté de la détacher pour travailler aux contre-mines des Places.

Corps de Mineurs.

36.

CHAQUE compagnie de Mineurs, sera commandée, en tout temps, par un Capitaine en premier, un Capitaine en second, un Lieutenant en premier, un Lieutenant en second, & un Lieutenant en troisième qui sera tiré des Sergens-majors ou Sergens; & elle sera composée d'un Sergent-major, qui aura la même autorité que ceux des régimens, quatre Sergens, huit Caporaux, huit Appointés,

Composition des compagnies de Mineurs.

seize Mineurs, quarante-quatre Apprentis & un Tambour; en total, quatre-vingt-deux hommes.

37.

Formation des compagnies par escouades.

LES compagnies de Mineurs seront divisées en huit escouades, dont chacune sera commandée par un Caporal & un Appointé; deux escouades formeront une division qui sera commandée par un Sergent; chacune de ces escouades sera partagée en deux demi-escouades, dont la première sera commandée par le Caporal, & la deuxième par l'Appointé.

38.

Commandant en chef des Mineurs.

CE Corps sera commandé en chef par celui des Officiers généraux du Corps-royal, que Sa Majesté jugera à propos de choisir pour lui en donner l'inspection, ainsi que la direction de l'École qui est affectée à ce Corps.

39.

Commandant en second des Mineurs.

LE Commandant en second, qui commandera en même temps l'École, sera choisi parmi les Capitaines : cet Officier, sans quitter sa compagnie, & sans autre grade que celui qu'il aura obtenu par ses services ou par son rang d'ancienneté dans le tableau général du Corps-royal de l'Artillerie, commandera sous l'autorité du Commandant en chef, Inspecteur dudit Corps; & à son défaut, l'Officier du Corps le plus élevé en grade, ou le plus ancien à grade égal, remplira sous la même autorité, les fonctions de Commandant, & il jouira pendant ce temps, du traitement particulier attaché à ce commandement.

40.

Choix & fonctions du Chef de Brigade des Mineurs.

SA MAJESTÉ, sans avoir égard à l'ancienneté, nommera pour Chef de brigade celui des Capitaines qui aura donné le plus de preuves de son aptitude à remplir cet emploi, avec lequel cet Officier conservera la charge qu'il aura dans le corps des Mineurs.

Ce Chef de brigade dirigera les études des Officiers, suivra leur progrès, les classera, & les conduira dans les applications

17

applications à faire de la théorie à la pratique, suivant les instructions qui seront données par le Commandant en chef.

TITRE Ier

41.

Fonctions & choix
de l'Aide-major
des Mineurs.

POUR que les Officiers de Mineurs soient moins distraits de l'application qu'ils sont obligés de donner à la théorie & à la pratique des mines, Sa Majesté veut bien qu'ils ne soient pas chargés directement dans leurs compagnies, des objets qui concernent la tenue, la discipline & les exercices qui ont purement rapport à l'Infanterie; en conséquence, Elle ordonne que l'Aide-major établi dans ce Corps, soit simplement Officier d'Infanterie; & que sans tenir à aucune compagnie, il fasse, sous l'autorité du Commandant, les fonctions de Major dans tout ce qui concerne la police, la discipline & le service de l'Infanterie, & qu'il veille sur-tout à ce que les Lieutenans en troisième, chargés de ces objets sous l'autorité de leurs Capitaines, ne les négligent point.

L'Aide-major des Mineurs sera choisi parmi les Lieutenans en troisième de ce Corps; ce choix se fera par les Capitaines en premier & en second, assemblés chez le Commandant en second du Corps, à qui ils remettront leur avis par écrit; ceux dont les compagnies seront détachées, lui enverront le leur : ce Commandant les fera passer, avec le sien, au Commandant en chef, qui en conséquence, proposera au Secrétaire d'État ayant le département de la guerre, le sujet qui lui paroîtra le plus digne d'être agréé par Sa Majesté.

42.

Fonctions & choix
des Lieutenans
en troisième
des Mineurs.

LE Lieutenant en troisième fera dans sa compagnie, les mêmes fonctions, aura les mêmes prérogatives & les mêmes charges que ceux établis dans les régimens du Corps-royal de l'Artillerie.

Il fera à la mine le même service que les autres Officiers de la compagnie.

E

Lorsqu'il vaquera un emploi de Lieutenant en troisième, le choix s'en fera sur toutes les compagnies, parmi les Sergens-majors & Sergens non mariés qui auront seize ans de service, ou qui, en temps de guerre, auront passé le centre des Sergens de leur compagnie. Ce choix se fera par les mêmes Officiers & dans la forme prescrite pour l'Aide-major.

43.

LE Sergent-major fera le service à la mine dans les cas de nécessité, & lorsqu'il lui sera ordonné par le Commandant de la compagnie; mais il sera spécialement chargé de faire faire au parc, les approvisionnemens nécessaires pour les attaques de mines de sa compagnie.

Il suppléera au besoin le Lieutenant en troisième, dans toutes les fonctions qui lui sont attribuées.

Les Sergens-majors seront choisis sur toutes les compagnies qui seront ensemble, parmi les autres Sergens qui auront au moins seize ans de service, ou qui, en temps de guerre, en auront passé le centre.

Le choix s'en fera, comme il est dit ci-dessus, pour les Lieutenans en troisième; à l'exception que le Commandant en second nommera, d'après l'élection, avec l'agrément du Commandant en chef.

44.

LORSQU'IL vaquera une place de Sergent dans une compagnie, avec laquelle il s'en trouvera une ou plusieurs autres, le Lieutenant en troisième de la compagnie où la place sera vacante, assemblera le Sergent-major & les deux plus anciens Sergens de sa compagnie, les Sergens-majors & premiers Sergens de chacune des autres compagnies présentes, pour choisir parmi les Caporaux, Appointés & Mineurs, quatre sujets qui sauront écrire. Ils seront présentés au Capitaine en second, qui assemblera aussi les Lieutenans de la compagnie, pour choisir dans les quatre sujets présentés, les deux plus méritans; & le Capitaine

19

en premier, avec l'agrément du Commandant en second, nommera celui des deux qui paroîtra mériter la préférence.

Si la compagnie est seule, le premier choix se fera par le Lieutenant en troisième, le Sergent-major & les autres Sergens de la compagnie; les sujets seront présentés au Capitaine en second qui en agira comme il est dit ci-dessus; mais dans tel lieu que soit la compagnie, le Sergent ne sera installé que du jour où l'on aura reçu l'approbation du Commandant en second.

Et dans le cas où il ne se trouveroit pas dans la compagnie, de Soldat qui eût les qualités nécessaires pour bien remplir cette place, elle restera vacante jusqu'à ce que quelque sujet s'en soit rendu capable.

45.

ON observera pour l'élection des Caporaux & Appointés, les formalités prescrites pour celle des Sergens.

Choix des Caporaux & Appointés.

46.

QUAND il s'agira de remplir une place de Mineur, le Sergent-major & les Sergens, avec les deux anciens Caporaux & les deux anciens Appointés de la compagnie, s'assembleront chez le Capitaine en second, ou en son absence, chez le premier des Lieutenans présens, pour choisir trois sujets, sur lesquels le Capitaine en premier en nommera un pour remplir la place vacante.

Choix des Mineurs.

47.

LES Sergens-majors, Sergens, Caporaux & Appointés du corps des Mineurs, seront chargés dans leur compagnie, quant aux objets qui concernent la tenue, la discipline & les exercices d'Infanterie, des mêmes fonctions qui sont prescrites à ceux de leurs grades dans les régimens du Corps-royal, par les articles 26, 27 & 29 du présent Titre.

Fonctions des bas Officiers de Mineurs.

48.

SA MAJESTÉ voulant empêcher que le desir de percer dans les régimens du Corps-royal, ne détourne les Officiers

Les Officiers de Mineurs fixés dans leur service.

de Mineurs, de la partie importante dont ils sont chargés, Elle a ordonné qu'ils ne rouleront qu'entr'eux seulement, pour parvenir aux compagnies du corps des Mineurs, lesquelles ne seront accordées, ainsi que les grades subalternes à l'ancienneté, qu'autant qu'elle se trouvera jointe au mérite: se réservant néanmoins Sa Majesté de faire passer les Officiers de Mineurs aux emplois des régimens, & réciproquement les Officiers des régimens aux emplois de Mineurs, autres que celui de Capitaine en premier, suivant leurs grade & ancienneté dans le Corps-royal, dans les cas particuliers où le bien de son service pourroit l'exiger.

49.

QUOIQUE suivant l'article précédent, les Officiers de Mineurs ne puissent quitter la partie des mines pour remplir d'autres emplois dans le Corps-royal, que quand Sa Majesté le jugera convenable au bien de son service; son intention étant cependant de les traiter aussi favorablement que ceux des régimens dudit Corps-royal, Elle ordonne que les Officiers de Mineurs qui seront parvenus au grade de Capitaine, rouleront avec les Capitaines desdits régimens, pour parvenir aux grades supérieurs du Corps-royal, sans cependant quitter leurs emplois ni leurs fonctions dans le corps des Mineurs.

En conséquence, les Officiers de Mineurs obtiendront, par leurs services ou par leur ancienneté dans le Corps-royal, tous les traitemens, appointemens & retraites accordés aux autres Officiers du Corps-royal, & tous les grades militaires, même ceux d'Officiers généraux, avec lesquels ils conserveront leur compagnie, & continueront d'être attachés à la partie des mines, jusqu'à ce que Sa Majesté juge à propos de leur donner d'autres fonctions. Dans ce cas, soit que des Officiers de Mineurs passent dans les régimens, ou que des Officiers des régimens passent dans les Mineurs, on observera de rétablir, autant que faire se pourra, l'équilibre dans l'avancement des différens

régimens

494

21

régimens, s'il se trouvoit qu'il eût été trop dérangé par des circonstances autres que celles de la guerre.

TITRE Ier

50.

LES neuf compagnies d'Ouvriers seront distribuées, pendant la paix, dans les Arsenaux de construction, suivant les ordres que Sa Majesté donnera à ce sujet; ces compagnies seront subordonnées aux Directeurs desdits Arsenaux, pour leur service, police & discipline; les Officiers desdites compagnies seront partie de ceux des directions, & rendront compte aux Directeurs de tous les détails dont ils seront chargés, conformément au Règlement particulier arrêté par Sa Majesté pour régler leur service & leurs fonctions.

*Compagnies
d'Ouvriers,
aux ordres
des Directeurs
d'Arsenaux.*

51.

CHAQUE compagnie d'Ouvriers sera commandée en tout temps, par un Capitaine en premier, un Capitaine en second, un Lieutenant en premier & un Lieutenant en troisième; & composée d'un Sergent-major, de cinq Sergens, cinq Caporaux, cinq Appointés, quinze Ouvriers de la première classe, quinze Ouvriers de la seconde, vingt-quatre Apprentis & un Tambour; en total, soixante-onze hommes. Sa Majesté se réserve d'augmenter, suivant le besoin, celles de ces compagnies qu'Elle jugera à propos.

*Composition
des compagnies
d'Ouvriers.*

52.

DU nombre des cinq Sergens de chacune desdites compagnies d'Ouvriers, deux, autant que faire se pourra, seront Forgeurs ou Serruriers, deux Charrons & un Charpentier ou Menuisier; & en supposant chaque compagnie composée de cinquante-cinq Caporaux, Appointés, Ouvriers & Apprentis, il y aura vingt-six Forgeurs ou Serruriers, dix-huit Charrons & onze Charpentiers, parmi lesquels trois Menuisiers: Et dans tous les cas, les escouades seront proportionnées à ces nombres, autant qu'il sera possible.

*Proportion
établie entre
les différentes
Professions
des Ouvriers
desdites
compagnies.*

F

53.

LES Forgeurs & Serruriers de chaque compagnie, formeront deux escouades; les Charrons en formeront également deux, & les Charpentiers n'en formeront qu'une; chacune de ces cinq escouades sera commandée, autant qu'il sera possible, par un Sergent du même métier.

54.

LES Lieutenans en troisième d'Ouvriers, rempliront dans ces compagnies, les mêmes fonctions que les Lieutenans en troisième des régimens.

Ils rempliront en outre, celles qui leur sont attribuées par le règlement des Arsenaux de construction.

Ces Officiers seront choisis parmi les Sergens-majors ou Sergens non mariés de ces compagnies, qui auront au moins seize ans de service, ou qui, en temps de guerre, auront passé le centre des Sergens de leur compagnie.

Pour en faire le choix, le Capitaine en premier & les autres Officiers de ladite compagnie, s'assembleront chez le Directeur de l'Arsenal, à l'effet de choisir un sujet propre à remplir cette place. Le Directeur présidera à cette élection, qui pourra se faire, tant parmi les Sergens de la compagnie où la place sera vacante, que dans les autres compagnies qui pourront se trouver dans la même direction; & dans ce dernier cas, le Directeur appellera à cette élection, les Officiers de ces autres compagnies, pour y avoir voix délibérative. Ils donneront tous leur avis par écrit, & le Directeur les fera passer en original avec le sien à l'Inspecteur général, qui les adressera, avec ses observations particulières, au premier Inspecteur, qui en rendra compte au Secrétaire d'État ayant le département de la guerre, pour le faire agréer par Sa Majesté; & s'il ne se trouvoit pas de sujet qui eût toutes les qualités requises pour être élevé au grade d'Officier, le Directeur en rendra compte à l'Inspecteur, & la place restera vacante jusqu'à

ce qu'il se soit fait connoître quelque sujet capable de la
remplir.

Les Lieutenans en troisième, ne pourront prétendre à
passer, en vertu de leur ancienneté, à la Lieutenance en
premier desdites compagnies, qu'autant qu'ils l'auront
mérité par des talens supérieurs & des services distingués;
mais ceux d'entr'eux qui auront obtenu cette récompense,
ne pourront prétendre aux emplois de Capitaine en second,
lesquels seront réservés aux Lieutenans des régimens du
Corps-royal.

55.

LES Sergens-majors rempliront dans les compagnies
d'Ouvriers, les mêmes fonctions que les Sergens-majors
des régimens.

Fonctions & choix
des
Sergens-majors
d'Ouvriers.

Lorsque lesdites fonctions ne les obligeront pas de
quitter les ateliers, ils s'y tiendront exactement pour sur-
veiller les travaux, conjointement avec le Lieutenant en
troisième; ils ne pourront prétendre au supplément de
solde accordé aux autres Sergens, par le règlement concernant les Arsenaux de construction.

Le choix de ces Sergens-majors ne pouvant se faire
que sur une ou deux compagnies, Sa Majesté restreint à
douze les seize années de service qu'Elle exige pour les
Sergens-majors des autres compagnies du Corps-royal.

On observera pour cette élection, les mêmes formalités
que pour celle du Lieutenant en troisième, à l'exception
que l'agrément de l'Inspecteur consommera l'élection.

56.

LES Sergens d'Ouvriers, rempliront dans ces compagnies les fonctions que remplissent les Sergens des
compagnies des régimens par rapport aux détails de la
troupe. Ils auront en outre celles qui leur sont assignées
dans le règlement concernant les Arsenaux de construction.

Fonctions & choix
des Sergens
d'Ouvriers.

Pour en faire le choix, le Sergent-major & les autres
Sergens de la même compagnie, s'assembleront pour

indiquer trois sujets qui sachent écrire, qui aient au moins huit ans de service, & qu'ils croiront les plus propres à remplir la place vacante. Le Capitaine en premier, ou en son absence le Commandant de ladite compagnie, choisira, de concert avec tous les autres Officiers présens, celui des trois qui paroîtra mériter la préférence, & il le proposera au Directeur de l'Arsenal pour être agréé ; & dans le cas où ce Directeur, ou les Officiers de cette compagnie ne trouveroient pas de sujet digne, par sa conduite & ses talens, de remplir cette place, elle restera vacante jusqu'à ce qu'il s'en soit formé quelqu'un.

57.

Choix des Caporaux, Appointés, premiers & seconds Ouvriers.

LORSQU'IL s'agira de remplir des places de Caporal, d'Appointé & d'Ouvrier de la premiere & de la seconde classe, on élira les sujets destinés à les remplir, de la manière prescrite pour le choix des Sergens.

58.

Les Officiers d'Ouvriers, rouleront avec ceux des régimens.

L'INTENTION de Sa Majesté étant qu'il y ait le plus que faire se pourra, d'Officiers du Corps-royal instruits dans les constructions d'attirails & dans les détails du Parc & des Places, Elle veut que les Officiers qui seront choisis par leurs talens, pour être attachés aux compagnies d'Ouvriers, ne soient pas fixés à ce seul service, mais qu'ils passent successivement aux autres emplois du Corps-royal.

59.

Comment ils sortiront des régimens, & comment ils y rentreront.

SA MAJESTÉ voulant aussi que les Officiers des compagnies d'Ouvriers ne perdent pas de vue les autres parties du service de l'Artillerie, Elle entend que les Lieutenans en premier desdites compagnies, soient choisis parmi les Lieutenans en premier ou les anciens Lieutenans en second des régimens ; que les Capitaines en second desdites compagnies, soient choisis parmi les derniers Capitaines en second ou les premiers Lieutenans de chaque régiment ;

& que

3 Novembre 1776.

25

& que les Capitaines en premier des compagnies d'Ouvriers, soient choisis parmi les Capitaines de Bombardiers, ou parmi les anciens Capitaines en second desdits régimens & compagnies.

Les Officiers qui auront eu les compagnies d'Ouvriers, repasseront dans les régimens pour y exercer les charges de Chef de brigade ou de Major, quand ils seront jugés capables de bien remplir ces emplois.

Les Lieutenans d'Ouvriers qui parviendront au grade de Capitaine, seront attachés de préférence, comme Capitaines en second, au commandement des compagnies de Sapeurs ou à la suite des Écoles, pour y reprendre les exercices dont ils auront été privés par leur service dans les Ouvriers.

L'intention de Sa Majesté est que dans le passage des Officiers d'Ouvriers aux régimens, & des régimens aux compagnies d'Ouvriers, on rétablisse, autant que faire se pourra, l'équilibre dans l'avancement des différens régimens, ainsi qu'il a été dit pour les compagnies de Mineurs.

60.

TITRE I.er

LES Officiers dont, par la présente Ordonnance, les emplois se trouveront supprimés dans les régimens ou compagnies du Corps-royal, y reprendront d'autres emplois suivant leurs rang & ancienneté, & les surnuméraires attendront qu'ils puissent y être employés dans leur grade; jusque-là ils y feront le service du grade inférieur au leur : de sorte que les Capitaines en second surnuméraires, feront dans ce Corps le service de Lieutenant en premier; les Lieutenans en premier, celui de Lieutenant en second; & les Lieutenans en second, celui de Lieutenant en troisième : observant cependant qu'il reste, quant-à-présent, dans chaque brigade un Lieutenant en troisième tiré du corps des Sergens; ceux des Lieutenans en second qui excéderont ce remplacement, seront employés comme surnuméraires.

Service des Officiers supprimés ou surnuméraires dans les régimens & compagnies du Corps-royal.

G

61.

LE premier Inspecteur, les neuf autres Inspecteurs, les six Commandans d'École & les cent onze autres Officiers qui ne sont point attachés aux Troupes du Corps-royal, feront le service entr'eux & avec ceux desdites Troupes suivant leurs grade & ancienneté. Sa Majesté se réserve, lorsque les circonstances l'exigeront pour le bien de son service, de faire passer des Places dans les Régimens, tant les Officiers supérieurs que les Capitaines en premier chargés des forges, fonderies ou manufactures, & de faire remplacer ces Officiers par ceux des régimens; mais Elle entend que les Capitaines placés en résidence ne rentrent plus dans les régimens & ne puissent prétendre à d'autre avancement que celui que pourroient leur procurer les circonstances de la guerre.

62.

TOUS les Officiers du Corps-royal, détachés aux Armées ou employés dans les Places, jouiront des mêmes honneurs, prérogatives & commandemens attribués à ceux qui seront attachés aux régimens dudit Corps.

63.

LE premier Inspecteur sera chargé de mettre l'ensemble & l'uniformité, tant dans le service & l'instruction des Troupes du Corps-royal, que dans les constructions qui se font dans les arsenaux, fonderies, forges & manufactures; les neuf autres Inspecteurs, feront en conséquence avec lui le travail de leur inspection, & le premier Inspecteur en rendra compte au Secrétaire d'État ayant le département de la guerre : ce sera lui qui fera passer aux Inspecteurs, les ordres & instructions que le Secrétaire d'État donnera chaque année pour leur inspection.

64.

LES départemens dont les Inspecteurs généraux du Corps-royal devront faire l'inspection, leur seront assignés tous les ans; & les Officiers du Corps-royal, qui seront

3. Novembre 1776.

27

employés dans chacun de ces départemens, leur rendront
compte pendant toute l'année, des opérations dont ils
seront chargés.

TITRE I.

Ces Inspecteurs généraux, visiteront, tous les ans au
moins, les principales Places de leurs départemens, &
sur-tout celles où il y aura des travaux ordonnés; ils
prendront connoissance des réparations, constructions &
approvisionnemens faits ou à faire, & verifieront la capacité
& bonne conduite des Officiers qui y seront détachés,
ainsi que des Gardes d'Artillerie & autres Employés; ils
inspecteront les régimens du Corps-royal & les compagnies
d'Ouvriers, & tiendront la main à ce que le meilleur
ordre possible soit établi & entretenu dans les Manufactures, ainsi que dans les Arsenaux de construction &
autres; ils rendront compte du tout au premier Inspecteur,
après leur inspection finie; & si dans le cours de cette
inspection, ils sont dans le cas de donner quelqu'ordre
ou décision sur des objets qui n'auroient pas été prévus
par leur instruction, ils en informeront sur le champ, le
premier Inspecteur, ainsi que le Secrétaire d'État ayant le
département de la guerre, quand ils le croiront nécessaire.

65.

LES Inspecteurs généraux d'Artillerie, jouiront, suivant
leur grade, dans l'étendue de leurs départemens pendant
tout le temps qu'ils y résideront, des honneurs, prérogatives & prééminences dont jouissent les autres Officiers
généraux des Troupes de Sa Majesté, lorsqu'ils sont en
fonctions.

Prérogatives des Inspecteurs.

66.

LES Commandans d'École auront toute autorité &
commandement sur les régimens qui seront auxdites Écoles;
ils en régleront le service & les différentes instructions,
& ils se feront rendre compte de tout ce qui concerne
la Troupe même, jusque dans ses plus petits détails lorsqu'ils
le jugeront à propos: ils en feront souvent des revues &
inspections. Ce sera par eux que les ordres relatifs au

Fonctions des Commandans d'École.

service, à la discipline & à l'administration, parviendront aux régimens.

Ils auront de même toute autorité sur tous ceux qui seront attachés aux Écoles.

Ils en rendront compte aux Inspecteurs généraux des départemens, & pour les nécessités du service de leurs Écoles, ils s'adresseront directement au Secrétaire d'État ayant le département de la guerre.

Quant à ce qui regarde la police & la discipline, ils prendront les ordres des Officiers généraux des divisions avec lesquels ils seront.

67.

Fonctions des Directeurs, Sous - directeurs & Capitaines employés dans les Places.

LES fonctions des Directeurs, Sous - directeurs & Capitaines employés dans les Places, se trouveront au Titre du *service des Places.*

68.

Fonctions & nombre des Commissaires des guerres & du Corps-royal.

LES fonctions des Commissaires des guerres & du Corps-royal, se trouveront aux Titres du *service des Places,* du *service de Campagne* & du *service des Siéges.*

Ces Commissaires continueront d'être au nombre de quinze, & de jouir des honneurs, autorités, droits & prérogatives attribués aux Commissaires ordinaires des guerres.

69.

Emplois de Garde d'Artillerie & Artificiers, par qui remplis.

LES emplois de Garde-magasins d'Artillerie qui vaqueront, seront remplis par des Aide-majors, Quartier-maîtres ou Lieutenans en troisième, ou par des Sergens-majors, Sergens ou Fourriers choisis dans le Corps-royal de l'Artillerie, ou enfin par des Conducteurs du charroi, choisis de même parmi ceux qui auront servi à la suite des équipages employés à la guerre; & les emplois d'Artificiers dans les Places, seront remplis de préférence par les Lieutenans en troisième des compagnies de Bombardiers, ou par des Sergens-majors ou Sergens qui auront

mérité

29

mérité cette récompense par leurs talens & leurs bons services. Sa Majesté défend expressément de proposer tout autre sujet pour ces emplois, sous quelque prétexte que ce soit.

Les Officiers qui occuperont les places d'Artificiers, auront le titre d'Officiers de Bombardiers attachés auxdites places.

70.

SA MAJESTÉ voulant traiter les Officiers & Soldats des régimens & compagnies du Corps-royal, comme Elle a traité ceux des autres Troupes, Elle entend qu'ils jouissent de leurs appointemens & solde, sans aucune retenue, soit pour les quatre deniers pour livre, soit pour la capitation ou toute autre dépense; son intention étant que lesdits objets soient acquittés sur la Masse générale qui sera établie pour lesdits régimens & pour lesdites compagnies.

Les quatre deniers pour livre, payés par la caisse des Régimens.

En conséquence de ces dispositions, Sa Majesté supprime le traitement qui avoit été réglé précédemment pour le temps de guerre, se proposant d'accorder aux Officiers, & particulierement à ceux des régimens & compagnies qui seront destinés à entrer en campagne, quelques mois d'appointemens en gratification, & de leur procurer d'ailleurs à la fin de chaque campagne, les secours que les circonstances, la nature de leurs services & leur zèle pourront leur faire mériter.

Sa Majesté est également disposée à accorder aux bas Officiers & Soldats de son Corps-royal, une ou deux paires de souliers en gratification, proportionnément aux fatigues qu'ils auront éprouvées.

71.

SA MAJESTÉ ayant réglé une paye en tout temps pour les régimens, compagnies de Mineurs & d'Ouvriers de son Corps-royal de l'Artillerie, ainsi que pour les Officiers

Appointemens & solde.

H

employés dans les Places, Elle veut que les appointemens & solde leur soient payés sur le pied :

SAVOIR;

	PAR JOUR.	PAR MOIS.	PAR AN.
OFFICIERS DES COMPAGNIES.			
A chacun des deux plus anciens Capitaines de Canonniers de chaque régiment, sept livres dix sous par jour, ci	7# 10ˢ //ᵈ	225# //ˢ //ᵈ	2700#
A chacun des douze autres Capitaines de Canonniers, six livres treize sous quatre den. ci	6. 13. 4	200. // //	2400.
A chacun des quatre Capitaines de Bombardiers, six livres deux sous deux deniers deux tiers, ci	6. 2. 2⅔	183. 6. 8	2200.
Au plus ancien Capitaine de Mineurs, & au plus ancien Capitaine d'Ouvriers, sept liv. dix sous, ci	7. 10. //	225. // //	2700.
A chacun des autres Capitaines de Mineurs & d'Ouvriers, six livres treize sous quatre deniers, ci	6. 13. 4	200. // //	2400.
A chacun des Capitaines en second des compagnies de Sapeurs, de Mineurs & d'Ouvriers, quatre liv. trois sous quatre den. ci . .	4. 3. 4	125. // //	1500.
A chacun des Lieutenans en premier des régimens & des compagnies de Mineurs & d'Ouvriers, deux livres douze sous neuf den. un tiers, ci	2. 12. 9⅓	79. 3. 4	950.
A chacun des Lieutenans en second des régimens & des compagnies de Mineurs, deux livres quatre sous cinq deniers un tiers, ci . .	2. 4. 5⅓	66. 13. 4	800.
A chacun des Lieutenans en troisième, deux livres six sous huit deniers, ci	2. 6. 8	70. // //	840.
COMPAGNIES DE CANONNIERS, BOMBARDIERS & SAPEURS.			
A chaque Sergent-major, une livre dix sous par jour, ci	1. 10. //	45. // //	540.
A chaque Sergent ou Fourrier, une livre dix deniers, ci	1. // 10	31. 5. //	375.
A chaque Caporal, quatorze sous huit deniers, ci	// 14. 8	21. // //	264.
A chaque Appointé, onze sous huit den. ci	// 11. 8	17. 10. //	210.

31

	PAR JOUR.	PAR MOIS.	PAR AN.
A chaque Artificier, dix sous huit den. ci .	" 10 8	16 " "	192
A chaque Canonnier, Bombardier & Sapeur de la première classe, neuf sous huit den. ci.	" 9. 8	14. 10. "	174.
A chaque Canonnier, Bombardier & Sapeur de la seconde classe, sept sous dix den. ci...	" 7. 10	11. 15. "	141.
A chaque Canonnier, Bombardier & Sapeur apprenti, six sous dix deniers, ci.........	" 6. 10	10. 5. "	123.
A chaque Tambour, neuf sous huit den. ci.	" 9. 8	14. 10. "	174.

COMPAGNIES DE MINEURS.

	PAR JOUR.	PAR MOIS.	PAR AN.
A chaque Sergent-major, une livre dix sous par jour, ci..........	1. 10. "	45. " "	540.
A chaque Sergent, une livre dix den. ci...	1. " 10	31. 5. "	375.
A chaque Caporal, quatorze sous huit deniers, ci...	" 14. 8	22. " "	264.
A chaque Appointé, onze sous huit den. ci...	" 11. 8	17. 10. "	210.
A chaque Mineur, dix sous huit deniers, ci...	" 10. 8	16. " "	192.
A chaque Apprenti, sept sous dix deniers, ci...	" 7. 10	11. 15. "	141.
A chaque Tambour, neuf sous huit den. ci...	" 9. 8	14. 10. "	174.

COMPAGNIES D'OUVRIERS.

	PAR JOUR.	PAR MOIS.	PAR AN.
A chaque Sergent-major, une livre seize sous huit deniers, ci...	1. 16. 8	55. " "	660.
A chaque Sergent, une livre dix den. ci.	1. " 10	31. 5. "	375.
A chaque Caporal, dix-huit sous deux deniers, ci...	" 18. 2	27. 5. "	327.
A chaque Appointé, seize sous deux den. ci...	" 16. 2	24. 5. "	291.
A chaque Ouvrier de la première classe, quinze sous deux deniers, ci...	" 15. 2	22. 15. "	273.
A chaque Ouvrier de la seconde classe, douze sous deux deniers, ci...	" 12. 2	18. 5. "	219.
A chaque Apprenti, dix sous deux den. ci...	" 10. 2	15. 5. "	183.
A chaque Tambour, neuf sous huit den. ci...	" 9. 8	14. 10. "	174.

	PAR JOUR.			PAR MOIS.			PAR AN.
ÉTAT-MAJOR DES RÉGIMENS.							
Au Colonel de chaque régiment, treize livres six sous huit deniers par jour, ci...	13ll	6s	8d	400ll	#s	#d	4800ll
Traitement attaché au commandement du régiment, trois livres six sous huit den. ci...	3.	6.	8	100.	#	#	1200.
Au Lieutenant-colonel de chaque régiment, dix livres, ci...	10.	#	#	300.	#	#	3600.
A chaque Chef de brigade & Major, huit livres six sous huit deniers, ci...	8.	6.	8	250.	#	#	3000.
A chaque Aide-major, quatre livres trois sous quatre deniers, ci...	4.	3.	4	125.	#	#	1500.
A chaque Quartier-maître-trésorier, pour appointemens & frais de son bureau particulier, quatre liv. trois sous quatre den. ci...	4.	3.	4	125.	#	#	1500.
A chaque Tambour-major, une livre deux sous deux deniers deux tiers, ci...	1.	2.	2⅔	33.	6.	8	400.
A chaque Aumônier, une livre treize sous quatre deniers, ci...	1.	13.	4	50.	#	#	600.
A chaque Chirurgien, trois livres six sous huit deniers, ci...	3.	6.	8	100.	#	#	1200.
A chaque Armurier, six sous dix deniers, ci...	#	6.	10	10.	5.	#	123.
ÉTAT-MAJOR DES MINEURS.							
Traitement accordé au commandement de l'École de ce corps, six livres treize sous quatre deniers, ci...	6.	13.	4	200.	#	#	2400.
A l'Aide-major, quatre livres trois sous quatre deniers, ci...	4.	3.	4	125.	#	#	1500.
Traitement qui lui est accordé pour frais de correspondance & de bureau, seize sous huit deniers, ci...	#	16.	8	25.	#	#	300.
OFFICIERS employés dans les Places.							
Au premier Inspecteur, soixante-six livres treize sous quatre deniers par jour, ci...	66.	13.	4	2000.	#	#	24000.
A chaque Inspecteur, Officier général, trente-trois livres six sous huit den. ci...	33.	6.	8	1000.	#	#	12000.
A chaque Inspecteur, ayant grade de Brigadier ou de Colonel, vingt-cinq liv. ci...	25.	#	#	750.	#	#	9000.
A chaque Commandant d'école, Officier général, seize liv. treize sous quatre den. ci...	16.	13.	4	500.	#	#	6000.

33.

	Par Jour.	Par Mois.	Par An.
A chaque Commandant d'École, non Officier général, treize livres six sous huit den. ci…	13ᵗ 6ˢ 8ᵈ	400ᵗ #ˢ #ᵈ	4800ᵗ
Traitement attaché au commandement des Écoles des régimens, six livres treize sous quatre deniers, ci……………	6. 13. 4	200. # #	2400.
A chacun des vingt-deux Colonels-Directeurs, treize livres six sous huit den. ci……	13. 6. 8	400. # #	4800.
Traitement accordé à chacun des cinq Directeurs d'Arsenaux de construction, deux livres quatre sous cinq deniers un tiers, ci…	2. 4. 5⅓	66. 13. 4	800.
A chacun de vingt Lieutenans-colonels, Sous-Directeurs & Inspecteurs de manufactures d'armes, neuf livres six sous huit den. ci…	9. 6. 8	280. # #	3360.
A chacun des sept autres Lieutenans-colonels Sous-Directeurs, huit livres six sous huit deniers, ci………	8. 6. 8	250. # #	3000.
A chacun de douze Capitaines en premier, six livres treize sous quatre deniers, ci…	6. 13. 4	200. # #	2400.
A chacun des cinquante autres Capitaines en premier, cinq livres, ci…………	5. # #	150. # #	1800.
A chacun des Capitaines en second, quatre livres trois sous quatre deniers, ci……	4. 3. 4	125. # #	1500.

Veut aussi Sa Majesté, que lorsque le Commandant d'un régiment, jouira du traitement attaché au commandement de l'École, l'Officier qui le suivra dans ledit régiment, jouisse du traitement attaché au commandement du régiment.

72.

Appointement conservés aux Officiers supprimés.

SA MAJESTÉ entend que les Officiers qui se trouveront excéder le nombre fixé par la présente Ordonnance, conservent les appointemens dont ils jouissoient par leurs grades, quand même ils seroient employés dans un grade inférieur, soit dans les Régimens ou dans les Places.

Les supplémens d'appointemens accordés aux Officiers dont les appointemens ou traitemens avoient été diminués par l'Ordonnance de 1774, continueront de leur être payés conformément à ladite Ordonnance ; observant cependant que ceux des Lieutenans-colonels de régiment qui recevoient cinq cents livres de supplément, ne doivent plus recevoir que quatre cents livres, à cause de l'augmentation d'appointemens qui leur est accordée par la présente Ordonnance.

Les Officiers des Régimens, des Compagnies ou des Places, dont par la présente Ordonnance, les emplois sont supprimés ou les appointemens diminués, conserveront ceux dont ils jouissent, jusqu'à ce qu'ils soient pourvus d'emplois, dont les appointemens seront équivalens à ceux qu'ils avoient.

Sa Majesté conservera aussi jusqu'à nouvel ordre, les appointemens & logemens aux Professeur, Répétiteur, Maître de dessin, Artificier & Conducteurs du charroi de l'école supprimée.

73.

Traitement en guerre aux Officiers tirés des Places.

IL sera accordé un traitement extraordinaire à ceux des Inspecteurs généraux du Corps-royal, qui seront nommés pour commander l'Artillerie en chef aux armées, aux Officiers supérieurs qui y commanderont en second, ainsi qu'aux Majors & Aide-majors du Corps, & aux Directeurs & Sous-directeurs du parc, & autres Officiers employés à la suite des équipages.

74.

Retenue pour linge & chaussure.

SUR la solde réglée à chaque Sergent-major, Sergent, Fourrier, Caporal, Appointé, Artificier, Canonnier, Bombardier, Sapeur, Mineur, Ouvrier, Apprenti & Tambour du Corps-royal, il sera affecté vingt deniers par jour pour chaque Sergent-major, Sergent & Fourrier, & douze deniers pour chacun des autres, pour s'entretenir de linge & chaussure. Les décomptes de ces retenues, seront faits tous les quatre mois par le Lieutenant en troisième, la compagnie étant assemblée, en présence de l'Officier qui la commandera; & le Commandant sera tenu de faire la visite du linge & chaussure, & d'ordonner les réparations qu'il jugera nécessaires. L'argent du décompte sera remis

35

entre les mains du Sergent de chaque escouade : chaque Soldat fera son emplète lui-même où il le jugera à propos, en présence de son Sergent qui la payera, & remettra sur le champ audit Soldat le surplus de ce décompte.

75.

LORSQU'UN Soldat du Corps-royal, qui aura été absent par congé, rejoindra sa compagnie sans être convenablement pourvu de linge & chaussure, après qu'on aura employé, pour l'en pourvoir, l'argent de la retenue des douze & vingt deniers ordonnés par l'article précédent, il sera prélevé, sur ce qui lui sera dû de sa solde, la somme nécessaire pour y suppléer, & même pour réparer son habillement, dans le cas où il seroit reconnu en mauvais état par défaut d'entretien.

76.

SA MAJESTÉ veut qu'il soit établi, à l'époque de la nouvelle composition, réglée par la présente Ordonnance, une Masse de quarante-quatre livres dix sous par homme, par an au complet, dans chacun des régimens du Corps-royal, & dans chacune des compagnies de Mineurs & d'Ouvriers, pour être employée aux recrues, à l'habillement, à l'équipement, à l'entretien & à toute espèce de réparations sans distinction, ainsi qu'à l'entretien des armes. Ladite Masse pourvoira encore au payement de la capitation & des quatre deniers pour livre, tant des appointemens des Officiers desdites Troupes, que de la solde des bas Officiers & Soldats.

Établissement
de la Masse
générale.

77.

LES compagnies de Mineurs & d'Ouvriers, étant destinées à être détachées dans les différentes armées & dans les Places, & les Capitaines de ces compagnies étant alors dans la nécessité de faire les détails de leur subsistance, Sa Majesté a jugé à propos que lesdits Capitaines en soient chargés dans tous les temps; en conséquence, Elle entend que tout l'argent qui pour les régimens, doit entrer dans

Les Capitaines
de Mineurs
& d'Ouvriers,
chargés du détail
de leurs
compagnies.

leur caisse, reste pour les compagnies de Mineurs &
d'Ouvriers, dans celle des Commis du Trésorier général,
employés dans l'endroit où se trouveront lesdites compagnies, pour être délivré au Capitaine, ou à son ordre,
à mesure des besoins.

Lorsque ces compagnies quitteront l'armée ou leur
garnison, les Capitaines arrêteront leur décompte avec le
Commis du Trésorier général, qui leur donnera une
reconnoissance détaillée des fonds qui lui resteront en
caisse sur les différentes parties; laquelle reconnoissance
sera visée par l'Officier aux ordres duquel sera le Capitaine,
& présentée à celui aux ordres duquel il passera.

Lors des revues d'inspection, ces reconnoissances seront
présentées à l'Inspecteur général pour vérifier l'état de la
Caisse de chaque Troupe & en ordonner.

78.

L'INTENTION de Sa Majesté étant qu'il soit formé
dans chaque régiment de son Corps-royal, & dans chaque
compagnie de Mineurs & d'Ouvriers, une Masse qui
recevra toutes les années de nouveaux accroissemens, &
qui sera déposée dans la Caisse du régiment ou de la
compagnie, Elle ordonne que lors du décompte à faire
à chaque Sergent-major, Sergent, Fourrier ou Soldat
qui aura été absent par congé limité, il soit prélevé, sur
la solde entière, la retenue du linge & chaussure; que
du restant de ladite solde, il en soit donné moitié au
Sergent ou Soldat qui aura rejoint à l'expiration de son
congé, l'autre moitié devant être mise dans ladite Caisse;
que ceux qui ne se trouveront pas présens à leur Corps
le 1.ᵉʳ Avril, ne touchent rien du restant de leur solde,
laquelle sera remise en entier dans la Caisse, à moins
qu'ils ne justifient par des certificats les plus authentiques,
l'impossibilité dans laquelle ils auroient été de rejoindre
pour cause de maladie bien constatée; bien entendu cependant que sur ce qui devra être remis au Soldat ou à

la

7. Novembre 1776.

37

la bourse commune, il sera fait la retenue ordonnée par
l'article 75 du présent Titre pour l'*Entretien*.

79.

IL sera fait tous les ans, six semaines après l'expiration
des congés, un état du produit de cette Masse, qui sera
divisée par parties égales entre les Sergens-majors, Sergens,
Fourriers & Soldats qui composeront pour lors chaque
régiment ou compagnie, pour former à chacun d'eux une
bourse particulière, qui restera cependant dans la Caisse,
& ne sera donnée à chaque Sergent-major, Sergent,
Fourrier ou Soldat que lorsqu'il aura obtenu quelque place
ou retraite, ou que son congé absolu lui sera délivré pour
quelque cause que ce soit : on ne comprendra cependant
point dans ladite répartition ceux des Soldats de recrue
qui n'auront pas joint leur compagnie avant le 1.er Janvier
de chaque année. L'état du produit de cette Masse sera
fait dans les régimens par le Quartier-maître-trésorier,
certifié par l'Aide-major, vérifié par le Major, & approuvé
par le Commandant du régiment ; il sera fait dans le
corps des Mineurs par l'Aide-major, certifié par les Capitaines, & approuvé par le Commandant ; & dans les
compagnies d'Ouvriers, il sera formé par les Lieutenans
en troisième, certifié par les Capitaines, & approuvé par
les Directeurs aux ordres desquels seront ces compagnies.

Répartition de cette bourse.

Ces fonds, pour ce qui concerne les régimens, resteront
dans les Caisses desdits régimens, & ne seront délivrés
que sur les ordres de l'Inspecteur : ceux des compagnies
de Mineurs & d'Ouvriers resteront dans la Caisse des
Commis du Trésorier général du Corps-royal, qui en
fourniront leurs reconnoissances aux Capitaines, & ne
délivreront lesdits fonds que sur les ordres du Commandant en chef des Mineurs pour ce qui regarde ce
Corps, & sur ceux des Inspecteurs des départemens pour
les compagnies d'Ouvriers.

Les bourses particulières des Soldats morts ou désertés,
n'entreront jamais dans les répartitions ; & après avoir

K

prélevé, sur lesdites bourses, ce que ces Soldats pourroient devoir sur le prêt & pour les avances indispensables que les Capitaines n'auroient pas eu le temps de se faire rembourser, le restant desdites bourses sera remis à la Masse commune de la bourse du Soldat.

A chaque revue d'inspection, il sera donné à l'Inspecteur général, un état de ladite Masse, qui en constatera la recette, la dépense, l'état actuel & le montant de la bourse de chaque Sergent-major, Sergent, Fourrier ou Soldat : on fera aussi part de ce montant à la Troupe.

80.

Emplacement des fonds.

SA MAJESTÉ voulant que les fonds de ladite bourse, dont on n'aura pas besoin pour les renvois annuels, puissent servir par la suite à procurer des secours aux femmes & aux enfans des Soldats; Elle autorise les Colonels des régimens à proposer, par la voie des Inspecteurs, au Secrétaire d'État ayant le département de la guerre, des emplacemens pour ces fonds, dont le revenu sera employé à procurer des rations ou demi-rations de pain auxdites femmes & enfans, sur un état arrêté tous les ans par le Colonel & approuvé par l'Inspecteur.

81.

LA Masse des recrues & celle des menues réparations, qui avoient été établies par l'Ordonnance du 3 octobre 1774, devant être réunies à celle générale, réglée par la présente Ordonnance, on en déduira les payemens qui devront être faits, tant aux Vétérans qu'aux Soldats qui auront seize & huit ans de service, pour les dédommager des hautes-payes supprimées; on formera ensuite un état des sommes qui se trouveront en bénéfice, & que chaque régiment ou compagnie de Mineurs & d'Ouvriers, portera en recette sur la nouvelle administration; lesdites sommes devront servir de supplément à la Masse générale, & être employées à l'augmentation d'hommes qui sera ordonnée successivement dans chaque troupe; Sa Majesté déclarant

39

au surplus, qu'Elle n'accordera pas d'autres secours pour ladite augmentation.

82.

Sa Majesté ayant donné des ordres pour faire dans les régimens, ainsi que dans les compagnies de Mineurs & d'Ouvriers de son Corps-royal, des recrues, en excédant du complet fixé par l'Ordonnance du 3 octobre 1774; & les Commissaires des guerres & de sondit Corps-royal ayant été autorisés à employer lesdits hommes de recrue sur leur revue de subsistance de chacune desdites Troupes; son intention est que le décompte de leur solde, leur soit fait par le Trésorier général de l'Artillerie en exercice, lequel remettra aussi le montant de leurs différentes Masses, sur le pied réglé par ladite Ordonnance du 3 octobre 1774, à compter du jour qu'ils ont été portés sur lesdites revues, jusqu'à l'époque fixée pour l'exécution de la présente Ordonnance.

83.

L'Intention de Sa Majesté est qu'il soit dressé, par les Commissaires des guerres & du Corps-royal, qui seront présens à l'exécution de l'Ordonnance de ce jour, des procès-verbaux de la nouvelle composition des régimens & compagnies de Mineurs & d'Ouvriers dudit Corps: Voulant Sa Majesté que le traitement qui est réglé par ladite Ordonnance, ait lieu en tout point, à commencer du jour fixé pour son exécution; lesdits Commissaires remettront des doubles desdits procès-verbaux, signés d'eux, au Trésorier général de l'Artillerie; ils en adresseront aussi une expédition de chacun au Secrétaire d'État ayant le département de la guerre.

TITRE II.

De l'Administration des Régimens & Compagnies du Corps-royal de l'Artillerie.

ARTICLE PREMIER.

Conseil d'Administration.

CONFORMÉMENT à l'Ordonnance du 25 mars 1776, il sera établi dans chaque régiment du Corps-royal, un Conseil d'administration, qui sera composé du Colonel, du Lieutenant-colonel, du Major & des deux plus anciens Chefs de brigades, qui tous auront voix délibérative.

2.

LE Colonel sera le Chef du Conseil d'administration, qui, en son absence, sera présidé par le Lieutenant-colonel; & à son défaut, par l'Officier qui commandera le régiment.

3.

LE Conseil qui se tiendra chez le Chef, devant toujours être composé de cinq personnes, les Membres absens seront remplacés par les autres Chefs de brigades, ou à leur défaut, par les plus anciens Capitaines.

LE Commandant de l'École sera averti de l'objet du Conseil; & il pourra y assister, quand il voudra, pour veiller à ce que les Ordonnances concernant l'administration, soient exactement suivies.

4.

CE Conseil qui s'assemblera une fois par semaine, & extraordinairement toutes les fois que celui qui devra y présider le jugera nécessaire, mettra en délibération généralement tout ce qui devra intéresser le régiment.

5.

LE Lieutenant-colonel, & en son absence le Major, fera le rapport des objets à mettre en délibération; il en sera rédigé un précis qui sera inscrit par le Quartier-maître,

ainsi

41

ainsi que les décisions du Conseil, dans un registre qui sera établi à cet effet, qui sera appelé : *Registre du Conseil*, & que les cinq Officiers signeront à la fin de chaque séance.

6.

LE Conseil étant établi pour veiller au bon ordre, à l'économie, à toutes les fournitures nécessaires au Corps, pour ordonner, vérifier, approuver les marchés & les dépenses, & pour juger de la conduite de ceux qu'il aura chargés de quelque détail, aucun des Membres du Conseil ne pourra être personnellement chargé d'aucun achat.

7.

LE Conseil chargera de l'exécution de ses ordres, les Officiers qui auront les talens nécessaires, & il en sera fait note sur le registre. Aucun Officier ne pourra se dispenser de donner ses soins à la partie de détail qui lui aura été confiée; mais le Conseil aura attention de ne pas charger les Officiers présens au régiment, d'objets qui pourroient trop les détourner de leurs fonctions ou instruction.

8.

TOUT l'argent appartenant au Corps, les effets actifs, les décharges, tous les papiers & registres seront enfermés dans une caisse à trois serrures différentes, qui sera déposée chez le Commandant du régiment. Le Colonel, ou celui qui commandera en son absence, aura une clé, le Quartier-maître la seconde, & le dernier Membre du Conseil la troisième.

9.

TOUTES les fois que le Quartier-maître-trésorier recevra des fonds des Trésoriers principaux ou particuliers commis par le Trésorier général de l'Artillerie, il devra être muni d'une autorisation du Conseil, dans laquelle la somme à recevoir sera énoncée. La somme reçue sera déposée dans la caisse, en présence des Officiers chargés des clés, avec un bordereau des espèces, signé du Trésorier qui aura remis les fonds; & l'enregistrement s'en fera au premier

L

Conseil, par le Quartier-maître, sur un registre qui sera timbré: *Registre de Recette & Dépense*, & dans lequel toutes les recettes & dépenses quelconques seront portées.

10.

TOUTES les quittances finales seront signées par tous les Membres du Conseil d'administration, & ne seront valables que revêtues de cette forme.

11.

LE premier de chaque mois, & quand il sera besoin, il sera tiré de la Caisse, la somme que le Conseil jugera nécessaire pour les dépenses courantes: cette somme sera remise entre les mains du Quartier-maître-trésorier qui en sera comptable au Conseil d'administration.

12.

CHAQUE jour de prêt, il sera dressé par l'Officier qui commandera la compagnie, un état du prêt qui sera signé du Lieutenant en troisième & du Sergent-major de ladite compagnie.

13.

L'OFFICIER qui commandera la compagnie, chargera le Lieutenant en troisième, de recevoir chez le Quartier-maître-trésorier, le montant de l'état du prêt, à l'heure qui aura été indiquée par le Commandant du régiment; l'Officier qui aura reçu le prêt en rendra compte au Commandant de la compagnie, & prendra ses ordres pour en faire la distribution.

14.

LE Lieutenant en troisième, retirera de l'ordinaire, ce qui aura été payé pour les hommes entrés à l'hôpital, désertés ou morts, dans l'intervalle d'un prêt à l'autre, & ce qu'il en aura tiré, sera porté en recette sur l'état du prêt suivant.

15.

LE Quartier-maître-trésorier, tiendra un registre sur

43

lequel il fera exactement note de toutes les mutations dont l'Aide-major lui fera porter l'état figné de lui, par un Sergent-major.

16.

A la fin de chaque mois, tous les états du prêt feront rapportés au Confeil, qui, après les avoir examinés & comparés avec le compte que doit rendre le Quatier-maître & avec le regiftre des mutations, en ordonnera l'enregiftrement fur le regiftre de recette & dépenfe; & lefdits états de prêt, feront enfuite brûlés en préfence du Confeil.

17.

LE Confeil fera porter en dépenfe extraordinaire, la valeur du pain & de l'argent qu'on n'aura pu recouvrer de ceux des Soldats défertés d'un prêt à l'autre, & le remplacement en fera fait à la Caiffe.

18.

IL tiendra la main à ce que le décompte de la retenue ordonnée pour l'entretien du linge & chauffure, par les articles 74 & 75 du Titre précédent, foit fait régulièrement tous les quatre mois.

19.

LE Confeil chargera l'Aide-major de l'approvifionnement des effets de petite monture, & l'autorifera à faire des marchés avec les différens Ouvriers & Fourniffeurs; mais ces marchés ne feront obligatoires que lorfqu'ils auront été approuvés par le Confeil, & vifés par le Commiffaire des guerres ayant la police du régiment.

20.

LES effets de petite monture, ne feront délivrés par l'Aide-major, que fur l'ordre figné des Membres du Confeil: les Capitaines ou Commandans des compagnies, formeront l'état des befoins de leurs Soldats, ils le préfenteront au Confeil pour le faire approuver; & lorfque l'Aide-major rendra compte des effets confiés à fes foins, il produira les états sur lesquels il en aura fait la distribution, & ces états après avoir été enregistrés en présence du Conseil, seront brûlés.

21.

TOUTES les fois qu'il sera nécessaire de renouveler les effets d'approvisionnemens de petite monture, l'Aide-major présentera au Conseil, son registre d'achat & de distribution, pour qu'il soit vérifié & arrêté, & pour recevoir les ordres du Conseil, pour le remplacement des effets.

22.

CHAQUE Capitaine devant avoir un registre sur lequel il inscrira le nom, le surnom, le lieu de naissance, le signalement, l'époque & les conditions de l'engagement de chacun des hommes de sa compagnie; il marquera sur le même registre, les effets de petite monture qui auront été fournis à chacun d'eux; & lorsqu'il s'absentera, il remettra ce registre à l'Officier qui devra commander la compagnie en son absence.

23.

LES Capitaines seront responsables de l'état des hommes de leur compagnie; en conséquence, lors du décompte, qui doit leur être fait tous les quatre mois, ils ne délivreront ce qui pourra revenir à chacun d'eux, qu'après avoir examiné leur linge & chaussure, & fait remplacer ce qui pourroit manquer.

24.

LA retenue pour le pain, & celle réglée pour le linge & chaussure, prélevées sur les plus basses-payes des régimens, compagnies de Mineurs & d'Ouvriers, Sa Majesté ordonne très-expressément que le restant de ladite solde, soit mis à l'ordinaire, & employé à la nourriture des Soldats; défendant à tous ses Officiers, sous peine d'être cassés, d'ordonner, permettre ou tolérer, que quelque partie de cette solde, quelque modique qu'elle puisse être, soit employée à d'autres objets.

45

25.

LE Conseil d'administration de chaque compagnie de Mineurs, sera composé de tous les Officiers de la compagnie; il s'assemblera lors des revues d'inspection, & au mois de Mai, chez le Commandant du Corps, quand plusieurs compagnies seront réunies; & lorsqu'elles seront séparées, chez celui qui commandera l'Artillerie. On délibérera, dans ces assemblées, sur tous les objets dont on pourra prévoir les besoins, & sur les moyens de les remplir: ces délibérations seront écrites sur le registre du Capitaine, qui sera obligé de s'y conformer. S'il s'y trouvoit quelque obstacle, ou qu'il survint quelque nécessité imprévue, ledit Conseil s'assemblera extraordinairement.

Il en sera de même pour les compagnies d'Ouvriers, dont le Conseil s'assemblera en temps de paix chez le Directeur de l'Arsenal, & à la guerre chez celui du parc.

Le Lieutenant en troisième fera, dans ces compagnies, les fonctions que remplit l'Aide-major dans les régimens sur tous ces objets.

26.

SA MAJESTÉ fera fournir de ses arsenaux & magasins, les armes & tout ce qui est relatif à l'armement des régimens du Corps-royal, des compagnies de Mineurs & d'Ouvriers: il sera pourvu par lesdits régimens & compagnies, sur les fonds de la Masse, à l'entretien des armes & effets dépendans de l'armement; & lorsqu'il sera jugé nécessaire de faire des remplacemens, ils seront ordonnés par Sa Majesté, sur les demandes que les Inspecteurs généraux adresseront au Secrétaire d'État ayant le département de la guerre.

27.

SA MAJESTÉ confie tous les détails relatifs à l'habillement & à l'équipement, aux soins économiques du Conseil d'administration établi dans chaque régiment, &

M

aux Officiers qui administrent les compagnies de Mineurs & d'Ouvriers.

28.

LE fonds de la Masse générale devant être fait tous les mois, & remis dans la caisse de chaque régiment, compagnies de Mineurs & d'Ouvriers avec la solde, pour servir à l'acquittement de toutes les dépenses, de quelque nature qu'elles puissent être, le Quartier-maître-trésorier tiendra un registre, sur lequel il se chargera en recette de ce qu'il touchera chaque mois sur le fonds de la Masse, & portera en détail tous les articles de dépense : ce registre sera produit au Conseil d'administration à chaque séance, & visé par les Membres du Conseil, toutes les fois que d'une séance à l'autre, il y aura lieu à de nouveaux enregistremens.

Le registre que le Quartier-maître doit tenir à cet effet dans les régimens, sera tenu par le Capitaine dans les compagnies de Mineurs & d'Ouvriers.

29.

SA MAJESTÉ veut qu'on se conforme, avec la plus scrupuleuse exactitude, aux modèles d'habillement & d'équipement qui seront envoyés ; & Elle rend les Membres du Conseil d'administration, personnellement responsables de l'exécution de cet ordre.

30.

SA MAJESTÉ ayant proscrit dans ses Troupes l'usage d'habiller par tiers, Elle ordonne que les remplacemens se fassent suivant les besoins qu'auront les hommes d'être habillés ; en conséquence, son intention est que les Commandans d'École aux ordres desquels seront les régimens, examinent avec soin, lors de leurs revues, les parties de l'habillement qui seront à remplacer, ou qui pourront être réparées ; ils en dresseront un état qu'ils remettront à l'Inspecteur général, qui seul pourra ordonner définitivement sur les remplacemens ou réparations, d'après les vérifications qu'il fera par lui-même.

47

Quant à ce qui concerne les compagnies de Mineurs & d'Ouvriers du Corps-royal, l'Officier aux ordres duquel ces compagnies se trouveront, remplira les fonctions prescrites à ce sujet au Commandant d'École.

3 1.

L'INSPECTEUR général arrêtera pour chaque régiment, un état des remplacemens & réparations qu'il jugera du bien du service de Sa Majesté d'ordonner ; cet état sera transcrit sur le registre des délibérations du Conseil d'administration pour les régimens, & sur celui des Capitaines pour les compagnies de Mineurs & d'Ouvriers ; le registre sera signé au bas de l'état des remplacemens & réparations, par l'Inspecteur général , & cette formalité remplie, le Conseil ou le Capitaine donnera les ordres nécessaires pour les achats.

3 2.

SA MAJESTÉ ordonne expressément à toutes les Troupes du Corps-royal, de tirer leurs draps directement de Lodève , & de la première main des Ouvriers & Fabriquans.

Pour ce qui concerne les achats, fournitures, transports & réceptions, on se conformera aux articles 9, 10, 11, 12, 13, 14, 15, 16, 17, 18 & 19 du Titre II de l'Ordonnance du 25 mars dernier, *portant Règlement sur l'Administration des Troupes.*

3 3.

L'INTENTION de Sa Majesté est que chaque régiment du Corps-royal, ait toujours dans son magasin les étoffes & effets nécessaires à l'habillement de cent cinquante hommes , les compagnies de Mineurs & d'Ouvriers à proportion.

34.

QUANT à ce qui concerne la composition de l'équipage des bas Officiers & Soldats du Corps-royal, l'entretien de l'armement & de l'équipement, & la tenue de leurs cheveux, on se conformera aux articles 24, 25, 26 & 27 du Titre II de l'Ordonnance d'*Administration*.

35.

LES Troupes d'Artillerie n'auront pas de compagnies de recrues. Les garnisons qui leur sont affectées dans les différentes provinces leur serviront de dépôt; les Recruteurs & les recrues seront mis en subsistance dans les régimens ou compagnies les plus à portée jusqu'à ce qu'ils rejoignent leurs régimens ou compagnies.

36.

IL sera établi un dépôt général pour les recrues qui se feront en Franche-comté & aux environs. Ce dépôt sera commandé par un Capitaine & un Lieutenant; & ceux des régimens ou compagnies qui auront le plus de besoin de recrues, après en avoir obtenu l'agrément du premier Inspecteur, y enverront un ou plusieurs bas Officiers qui travailleront chacun pour le compte de leurs régimens. Ces Officiers auront sur ces recrues toute police & discipline, sous l'autorité du Commandant de l'Artillerie.

37.

Ce Capitaine recevra les ordres que lui donneront les Majors des différens régimens, d'après ceux des Conseils d'administration.

38.

IL sera fait par le Trésorier général de l'Artillerie, sur la Masse de chaque régiment, une retenue de cinq cents vingt livres, pour former à ce Capitaine deux mille livres d'appointemens, huit cents livres pour frais de bureau & de correspondance, & huit cents quarante livres d'appointemens à son Lieutenant, lesquelles sommes leur seront payées par le Commis du Trésorier général à Besançon.

39.

EN temps de guerre, les recrues des régimens & compagnies employés aux armées, seront rassemblées dans les

49

les places affectées aux dépôts des équipages d'artillerie : les compagnies du Corps qui y seront détachées, exerceront ces recrues pour n'être envoyées à l'armée, que lorsqu'elles seront en état d'y faire le service.

Le Corps-royal se conformera pour ses recrues, à ce qui est prescrit pour celles des autres Troupes, par le Titre III de l'Ordonnance *d'Administration*, aux articles 7, 8, 9, 10, 11, 13, 14, 15, 16, 17, 18, 19, 20, 24, 25, 26, 27, 28, 29, 30, 31, 32, 33, 34, 35, 37, 38, 39, 40, 41, 42, 43 & 44, aux exceptions ci-après.

Le prix des engagemens des hommes du Corps-royal, sera de cent vingt livres, dont soixante-dix livres d'engagement, trente livres pour boire, & vingt livres pour frais & gratification, aux Recruteurs.

Les hommes de recrue recevront le *pour-boire* aussitôt qu'ils auront signé leur engagement, & que les vérifications nécessaires pour assurer la validité dudit engagement auront été faites : mais on ne leur payera que vingt livres sur le prix de l'engagement à leur arrivée au dépôt ; le surplus leur sera compté lorsqu'ils auront été reçus & enregistrés au régiment.

Il ne sera reçu dans les Troupes du Corps-royal, que des hommes de cinq pieds trois pouces six lignes, au moins, pieds nus.

Les déserteurs n'y seront jamais admis.

L'Officier chargé du dépôt des recrues, pourra les envoyer à leurs troupes respectives, en tel nombre qu'il jugera convenable ; & à sa demande, il leur sera expédié des routes.

L'admission ou le renvoi des recrues, ne pourra se faire que d'après l'approbation des Commandans d'école pour les Régimens & les Mineurs, & celle des Directeurs d'arsenaux pour les Ouvriers.

Lorsqu'en conséquence de l'article 41 du Titre III de l'Ordonnance *d'Aministration*, les Conseils jugeront à

TITRE II.

N

propos d'envoyer en recrue extraordinairement, c'est de l'Inspecteur général du département qu'ils devront prendre la permission.

40.

SA MAJESTÉ ayant supprimé par l'Ordonnance du 25 mars 1776, les hautes-payes de rengagemens accordées par l'Ordonnance du 16 avril 1771, Elle ordonne qu'à l'avenir tout bas Officier ou Soldat de son Corps - royal, qui après avoir servi huit ans desirera continuer ses services dans la même troupe, recevra, pour prix de rengagement, cent vingt livres.

Après seize ans de service, pour prix d'un second rengagement, il recevra cent trente livres.

Après vingt - quatre ans de service, ceux qui auront acquis la vétérance, qui auront la volonté, & qui seront jugés en état de contracter un troisième rengagement, recevront cent cinquante livres.

Les prix de ces rengagemens, seront payés moitié comptant, & l'autre moitié le jour que commencera la cinquième année.

Après les huit ans révolus du troisième rengagement, ceux qui seront en état de continuer leurs services, ne s'engageront que pour un an, & renouvelleront leur engagement d'année en année; il leur sera payé vingt-quatre livres en commençant chaque année.

41.

PERMET Sa Majesté aux Commandans des régimens & compagnies de son Corps - royal, d'accorder chaque année, indépendamment des congés de droit, deux congés de grâce par compagnie, aux Soldats qui auront des raisons valables pour les demander, mais après en avoir obtenu la permission de l'Inspecteur général : le prix de ces congés sera fixé, conformément à l'article 8 du Titre IV de l'Ordonnance *d'Administration.*

51

42.

LES troupes du Corps-royal, se conformeront pour le surplus à ce qui est prescrit sur cet objet, au Titre IV de l'Ordonnance *d'Administration*, par les articles 2, 5, 6, 8 & 9.

43.

Police intérieure des Corps.

LES différentes troupes qui composent le Corps-royal, se conformeront, pour leur police intérieure, à ce qui est réglé par le Titre VI de l'Ordonnance *d'Administration* ; avec cette différence que sur les devoirs prescrits par l'article 17 dudit Titre, les Capitaines se rendront chez leur Chef de brigade, qui les conduira chez le Lieutenant-colonel, & que le Colonel conduira tous les Officiers du régiment chez le Commandant d'école, ou tout autre Officier qui commandera le Corps.

Quant aux appels dont il est parlé à l'article 18 du même Titre, le Lieutenant en troisième en rendra compte au Commandant de la compagnie & à l'Aide-major ; ce dernier en rendra compte par écrit au Major une fois par jour seulement, le Major au Lieutenant-colonel, & celui-ci au Colonel.

44.

Discipline & Subordination.

L'INTENTION de Sa Majesté est que les troupes du Corps-royal se conforment à ce qui est prescrit par le Titre VII de l'Ordonnance *d'Administration*, en ce qui n'est pas contraire aux articles ci-après.

45.

LES Capitaines obéiront aux Chefs de brigades comme aux Majors, le Colonel au Commandant d'école, le Commandant d'école à l'Inspecteur, & l'Inspecteur au premier Inspecteur.

46.

INDÉPENDAMMENT de la subordination établie par l'article précédent & par l'article 2 dudit Titre, les Officiers du Corps-royal seront tenus envers les Officiers généraux, commandant les divisions ou dans les provinces, à celle qui leur est prescrite aux différens Titres de la présente Ordonnance.

47.

Les Colonels, ou ceux qui commanderont les régimens, rendront compte journellement au Commandant d'école en paix, & en guerre au Commandant de l'Artillerie, à la division duquel sera attaché ladite troupe, de tout ce qui la concernera.

Ces Commandans rendront compte tous les mois, & extraordinairement lorsque les évènemens l'exigeront, à l'Inspecteur général, en paix, ou au Commandant en chef de l'équipage d'Artillerie à l'armée; ceux-ci rendront compte au premier Inspecteur, & ce dernier au Secrétaire d'État ayant le département de la guerre.

Les Commandans d'école rendront compte aux Commandans de provinces ou de divisions avec lesquels ils se trouveront, de tout ce qui concerne la discipline & les mouvemens de la troupe, chaque fois que ceux-ci l'ordonneront.

Ces Officiers communiqueront aussi à ces Commandans, lorsqu'ils l'exigeront, tout ce qui peut avoir rapport au service de l'école; & dans les cas extraordinaires, ils prendront leurs ordres.

48.

Le Colonel aura dans son régiment, subordonnément au Commandant d'école, toute autorité pour faire exécuter ce qui se trouvera prescrit par les Ordonnances, & ce qui sera ordonné par les Inspecteurs généraux de l'Artillerie & les Officiers généraux des divisions: ils feront en conséquence les règlemens qu'ils croiront nécessaires pour établir solidement la subordination, maintenir la discipline & assurer l'exactitude du service.

49.

Défend Sa Majesté à tout Officier qui pourroit
commander

53

commander le régiment en l'absence du Colonel, de rien
changer ou innover, sans en rendre compte au Colonel
& sans l'aveu du Commandant d'école.

50.

LES Mémoires contenant des demandes de congés,
permission, ou de telle autre grâce que ce puisse être, qui
devront être rédigés dans la forme prescrite, ne seront
remis désormais au Secrétaire d'État ayant le département
de la guerre, que par le premier Inspecteur, qui les
recevra des Inspecteurs généraux. Les demandes concernant
les Officiers des régimens, seront envoyées à l'Inspecteur
par le Commandant d'école, à qui elles parviendront
de grade en grade, en remontant de celui qui fera la
demande.

Celles concernant les Officiers des compagnies d'Ouvriers ou autres Officiers employés dans les Directions,
parviendront de même, de grade en grade, au Directeur
aux ordres duquel ils seront, & celui-ci les fera passer à
l'Inspecteur.

Défend Sa Majesté aux Inspecteurs généraux & aux
Officiers supérieurs, de s'écarter de cette loi.

51.

LA permission d'adresser directement un Mémoire au
Secrétaire d'État ayant le département de la guerre, se
demandera, dans le Corps-royal, au premier Inspecteur
de ce Corps qui ne pourra la refuser.

52.

ON se conformera dans le Corps-royal, pour ce qui
regarde les récompenses militaires, à ce qui est prescrit
par le Titre VIII de l'Ordonnance d'*Administration*, aux
articles 1, 2, 3, 4, 5, 6, 7, 8 & 9.

*Récompenses
militaires,
attribuées au
Corps-royal.*

53.

QUANT aux pensions à donner à ceux des bas Officiers

O

& Soldats de ce Corps, qui les préféreront à l'Hôtel royal des Invalides, Sa Majesté les a fixées ainsi qu'il suit :

SAVOIR;

Par an.

A chaque Sergent - major. . . . . 360.
A chaque Sergent ou Fourrier. . . . . 262.
A chaque Caporal. 184.
A chaque Appointé. . . . . 147.
A chaque Artificier. . . . . 134.
A chaque Soldat de la première classe . . . . 121.
A chaque Soldat de la seconde classe . . . . 98.
A chaque Soldat de la troisième classe . . . . 86.

54.

ON se conformera de même, dans le Corps-royal, à ce qui est porté dans les articles 11, 12, 13, 14, 15, 16, 17, 18, 19, 20, 21 & 22 du même Titre VIII de la même Ordonnance, à l'exception que les demandes parviendront au Secrétaire d'État ayant le département de la guerre, en passant par les Inspecteurs généraux & le premier Inspecteur; lesquels, à cet égard, remplaceront les Maréchaux-de-camp & les Lieutenans généraux commandant les divisions, ainsi qu'il a été dit à l'article 50 du présent Titre.

55.

SA MAJESTÉ ayant créé, par ses Ordonnances des 1.er mars 1756 & 21 mai 1766, huit compagnies de Canonniers-invalides, pour être employées dans les Places & sur les Côtes, dont les emplois d'Officiers & les places de bas Officiers doivent être donnés de préférence à ceux du Corps-royal de l'Artillerie; son intention étant aussi que les Soldats dudit Corps, qui pourront être envoyés aux Invalides, soient admis aussi de préférence dans lesdites compagnies; Elle ordonne qu'il ne soit nommé qu'une fois l'an aux emplois & places qui viendront à y vaquer, afin que le premier Inspecteur puisse adresser au Secrétaire d'État ayant le département de la guerre, l'état des Officiers,

55

bas Officiers & Soldats du Corps-royal qui seroient à placer.

56.

ON se conformera, dans le Corps-royal, à ce qui est prescrit pour les punitions au Titre IX de l'Ordonnance d'*Administration*.

Des punitions.

57.

LE service des Colonels des régimens du Corps-royal, commencera le 1.ᵉʳ Mai & finira le dernier Septembre; ils seront libres le 1.ᵉʳ Octobre, d'aller où leurs affaires les appelleront; mais Sa Majesté leur défend expressément de quitter leurs drapeaux pendant le temps de leur service, ne fût-ce que pour vingt-quatre heures, sans la permission du Commandant d'École & de l'Officier général commandant la division.

Des Congés & Semestres.

58.

LE Lieutenant-colonel & le Major de chacun des régimens d'Artillerie, rouleront ensemble pour le congé de semestre, qui commencera le 1.ᵉʳ Octobre & finira le dernier Mars; l'intention de Sa Majesté est que l'un de ces deux Officiers supérieurs, soit toujours présent au Corps.

LES Chefs de brigades auront des semestres de deux années l'une.

59.

LES Capitaines des régimens, ainsi que les Lieutenans en premier & en second, n'auront de même des congés de semestre que de deux années l'une, depuis le 1.ᵉʳ Octobre jusqu'au dernier Mars; observant cependant de ne pas en donner en même-temps au Capitaine & au Lieutenant en premier d'une même compagnie.

LES Lieutenans en premier & en second, ne pourront profiter desdits semestres qu'autant qu'il aura été jugé par l'Inspecteur, qu'il n'est pas nécessaire de les retenir au Corps, pour leur instruction.

Dans les compagnies de Mineurs, le Capitaine en premier & le Capitaine en second; les Lieutenans en premier & en second, rouleront ensemble pour le semestre; de façon qu'il reste à la compagnie pendant le semestre, un Capitaine & un Lieutenant.

Dans les compagnies d'Ouvriers, l'un des Capitaines restera à la compagnie pendant le congé de semestre; & le Lieutenant en premier n'aura de congé que de deux années l'une.

Les Aides-major, Quartier-maître & Lieutenans en troisième, tant des régimens d'Artillerie que des compagnies de Mineurs & d'Ouvriers, ne s'absenteront que sur des congés particuliers.

60.

SA MAJESTÉ veut bien permettre aux Officiers qui roulent ensemble pour le congé de semestre, de le partager: en cas de partage, celui qui ne devra jouir que de la seconde portion du semestre, ne pourra partir que lorsque celui avec qui il l'aura partagé, sera de retour au Corps.

61.

DÉCLARE Sa Majesté qu'Elle n'accordera plus de congés particuliers aux Officiers de son Corps-royal, à moins de circonstances extraordinaires les plus privilégiées ou de maladies graves bien constatées.

62.

L'INSPECTEUR général, lors de sa revue d'inspection, arrêtera l'état des congés de semestre qu'il adressera au Secrétaire d'État ayant le département de la guerre.

63.

L'INTENTION de Sa Majesté est que pour les autres objets relatifs aux congés & semestres, les Officiers, bas Officiers & Soldats du Corps-royal, se conforment à ce qui est prescrit par les articles 14, 15, 16, 17, 18, 19, 20, 21, 22 & 24 du Titre XII des *congés & semestres de l'Ordonnance a' Administration*; à l'exception que les vingt

congés

57

congés de semestre déterminés pour chaque compagnie des autres Troupes, seront réduits à onze pour chaque compagnie du Corps-royal, & qu'on suivra pour les demi-solde & solde entière des hommes qui auront eu des congés, la disposition qui en a été faite à l'article 78 du Titre I.er de la présente Ordonnance.

64.

LES Commissaires des guerres qui passeront en revue les Troupes du Corps-royal, se conformeront à ce qui est prescrit au Titre XIII de l'Ordonnance *d'Administration*.

Des Revues des Commissaires des guerres & du Corps-royal.

65.

LES Inspecteurs généraux du Corps-royal, chargés de l'inspection des Troupes dudit Corps, se conformeront à ce qui est prescrit aux Maréchaux-de-camp des divisions, par le Titre XIV de l'Ordonnance *d'Administration*, aux articles 3, 5, 6, 7, 8, 9 & 10.

Des Revues des Inspecteurs généraux.

TITRE III.

Du Service en général du Corps-royal de l'Artillerie.

ARTICLE PREMIER.

LES régimens du Corps-royal de l'Artillerie, rouleront entr'eux suivant le grade & l'ancienneté de leurs Colonels titulaires.

Rangs que les régimens tiendront entr'eux.

Les bataillons desdits régimens, prendront rang entre eux, suivant l'ancienneté du premier Chef de brigade de chacun desdits bataillons.

Rang des bataillons.

Les brigades rouleront entr'elles dans les bataillons, suivant l'ancienneté des Chefs de brigades qui les commanderont; mais la brigade de Bombardiers marchera toujours à la suite des bataillons, quelque ancienneté qu'ait son Chef.

Rang des brigades.

2.

LES Chefs de brigades, tant qu'ils en feront les fonctions, resteront attachés à la même brigade, dont on ne pourra point changer les compagnies; mais on fera passer, lorsqu'il sera nécessaire, une brigade d'un bataillon à l'autre, pour que chacun des deux plus anciens Chefs de brigades se trouve toujours à la tête d'un desdits bataillons; observant cependant qu'il y ait toujours, dans chaque bataillon, une des brigades dans laquelle il doit y avoir une compagnie de Sapeurs.

3.

CHAQUE compagnie de Canonniers, roulera dans la brigade à laquelle elle sera attachée, suivant l'ancienneté de son Capitaine; & les compagnies de Sapeurs appartenant aux Chefs de brigades, marcheront toujours à la tête des brigades dont elles feront partie.

Les compagnies de Bombardiers marcheront aussi entre elles, suivant l'ancienneté de leurs Capitaines.

4.

LORSQU'UN ou plusieurs régimens du Corps-royal, se trouveront rassemblés dans un même lieu avec des bataillons, des brigades & des compagnies d'autres régimens dudit Corps, les régimens prendront rang sur les bataillons, les bataillons sur les brigades, & les brigades sur les compagnies.

La partie d'un régiment qui sera commandée par son Colonel, représentera le régiment.

5.

SI l'on détache d'une brigade, faisant partie d'un bataillon, une ou plusieurs compagnies, ce qui restera de ladite brigade la représentera dans ledit bataillon.

Une brigade entière détachée de son bataillon, prendra rang sur les compagnies détachées, à moins qu'il ne se trouve quatre compagnies de Mineurs, ou quatre

59

compagnies d'Ouvriers, qui, pour lors, formeront brigade, & rouleront avec les autres brigades détachées, suivant l'ancienneté de leurs Chefs respectifs.

TITRE III.

6.

S'IL se trouve ensemble plusieurs compagnies de différentes espèces, c'est-à-dire des Canonniers, Bombardiers, Sapeurs, Mineurs & Ouvriers, qui ne forment pas de brigade, les compagnies de même brigade se joindront ensemble, & les différentes espèces prendront ensuite rang entre elles, suivant le nombre des compagnies qu'elles auront; & dans le cas d'égalité, elles prendront rang du grade ou de l'ancienneté de ceux qui commanderont lesdites espèces.

7.

LES détachemens quelconques qui ne seront pas formés en compagnies, marcheront entr'eux, suivant le grade ou l'ancienneté des Commandans respectifs de chaque espèce.

8.

LES Officiers supérieurs du Corps-royal, prendront rang entr'eux pour le commandement, suivant leur grade & leur ancienneté, de manière que les Chefs de brigades soient commandés par les Lieutenans-colonels, les Lieutenans-colonels par les Colonels, les Colonels par les Commandans d'École, ceux-ci par les Inspecteurs qui prendront rang entr'eux suivant leur grade & leur ancienneté, & obéiront tous au premier Inspecteur.

Rang
des Officiers
entr'eux.

9.

LORSQUE plusieurs régimens du Corps-royal, se trouveront ensemble avec des bataillons, brigades, compagnies ou détachemens, soit des autres régimens dudit Corps, soit des Mineurs ou des Ouvriers, l'Officier le plus élevé en grade, ou le plus ancien à grade égal, prendra le commandement du tout; mais la discipline

Commandement
en cas de réunion
de différentes
Troupes.

intérieure & les détails de chacune de ces Troupes, seront
réservés à son Commandant naturel.

10.

*Police
& discipline
comme dans
l'Infanterie.*

LES régimens du Corps-royal de l'Artillerie & les
compagnies des Mineurs & d'Ouvriers, seront sujets à la
même discipline que les autres Troupes de Sa Majesté,
en quelque endroit qu'ils se trouvent. Les Commandans
des Places, auront cependant attention de les dispenser
de ce qui pourroit gêner leur service particulier.

11.

*Le service se fera
par bataillons,
brigades,
compagnies,
escouades
& demi-escouades.*

L'INTENTION de Sa Majesté étant que le service
particulier à l'Artillerie, à l'exception de celui des Ouvriers,
se fasse par des Corps aussi entiers qu'il sera possible, &
que ces Corps soient toujours commandés par les Officiers & bas Officiers qui leur sont attachés ; Elle ordonne
que les troupes dudit Corps qui seront commandées à
l'avenir, le soient par bataillons, brigades, compagnies,
escouades & demi-escouades.

12.

*Commandement
des Gardes
&
des Travailleurs.*

LES Gardes & les Travailleurs, seront commandés, dans
tous les cas, par escouades prises dans un même bataillon,
ou dans la brigade de Bombardiers ; & on n'y emploiera,
autant que faire se pourra, qu'une escouade d'une même
compagnie.

*Les Capitaines
& les Lieutenans,
rouleront entr'eux
pour ces services,
dans leurs
bataillons,
& les Officiers
de Bombardiers,
dans leur brigade.*

Les Capitaines, ainsi que les Lieutenans, à la réserve
des Lieutenans en troisième, rouleront entr'eux pour ces
services, suivant leurs grades, chacun dans son bataillon,
& les Officiers de Bombardiers dans leur brigade ; de
façon que les Officiers d'un bataillon ne fassent pas ces
services avec des Soldats de l'autre ; & on observera de ne
jamais détacher en même-temps deux Officiers de la
même compagnie.

13.

*Logemens
des Commandans
d'École,*

LES Commandans des écoles du Corps-royal qui ne
seront pas Officiers généraux, tels autres grades qu'ils aient,

seront

61

seront toujours logés comme Brigadiers, & les Chefs de brigades le seront comme Majors. Les Capitaines commandant les compagnies de Mineurs & d'Ouvriers, étant chargés du détail & des effets de leurs compagnies, auront une chambre de plus que les autres Capitaines; les Lieutenans en premier & en second, à l'exception des Lieutenans en troisième, seront logés seuls, chacun dans une chambre, & les Soldats du Corps-royal, seront fournis dans les casernes, comme chez les bourgeois, d'un lit pour deux hommes seulement.

TITRE III.

Chefs de brigades
& Capitaines
des compagnies
de Mineurs &
d'Ouvriers, &c.

TITRE IV.

Du service du Corps-royal dans les Places.

ARTICLE PREMIER.

LES régimens & détachemens du Corps-royal de l'Artillerie, soit qu'ils se trouvent seuls ou avec d'autres Troupes, ne fourniront d'autres gardes que celles du polygone dans les Places où il y a une École d'instruction, avec leur garde de police, celle de l'Arsenal, celle dûe aux Officiers généraux du Corps-royal de l'Artillerie, ainsi qu'une sentinelle au Commandant de la Troupe pour la garde de la Caisse du régiment; & si ce Commandant a un Supérieur du Corps dans la Place, il sera fourni aussi à ce dernier une sentinelle; mais dans le cas où il n'y auroit pas de Caisse qui exigeât qu'il y eût une sentinelle chez le Commandant de la Troupe, il n'en sera fourni alors à celui du Corps, qu'autant qu'il lui en sera dû par son grade, conformément à l'Ordonnance *du service des Places.*

Service
d'Infanterie
des régimens
du Corps-royal.

2.

SA MAJESTÉ voulant cependant que les Troupes du Corps-royal, continuent, comme par le passé, de ne fournir pour la garde que moitié, tout au plus, de ce que fourniront dans la même garnison les Troupes de pareille force: S'il arrive que la garde des postes affectés par

Ne fourniront,
pour la garde,
que la moitié
au plus de ce que
fourniront les
autres Troupes.

Q

l'article précédent au Corps-royal, exige un service plus fort; Elle entend que dans ce cas les autres Troupes de la garnison soient chargées de la garde d'une partie desdits postes; comme aussi lorsque la garde de ces postes n'exigera pas que les Troupes du Corps-royal fournissent le tiers de ce que fourniront les Troupes de la garnison de pareille force, on pourra les employer à d'autres gardes jusqu'à la concurrence dudit tiers.

Sa Majesté autorise même les Commandans des Places à décharger les Soldats du Corps-royal de toutes gardes, dans les cas extraordinaires où ils seroient trop fatigués par les manœuvres de l'Artillerie.

Les gardes que fourniront les Troupes dudit Corps, pour leurs postes particuliers, s'assembleront devant leurs quartiers d'où elles partiront pour aller relever directement leurs postes, & lesdites gardes ne monteront la parade générale avec la garnison, que les jours de Fêtes & de Dimanche, lorsque le Commandant de la Place l'ordonnera.

3.

Seront exempts de tout autre service d'Infanterie, hors les cas de nécessité absolue.

SA MAJESTÉ veut bien exempter les Capitaines, Lieutenans & Soldats desdits régimens, de toute autre garde, ainsi que des rondes; mais dans les cas de nécessité absolue où les Commandans des Places jugeroient indispensable de leur faire faire quelqu'autre service que celui prescrit par les articles précédens, ces Troupes exécuteront ce qui leur sera ordonné par lesdits Commandans, qui seront tenus d'en informer sur le champ le Secrétaire d'État ayant le département de la guerre. A l'égard des Officiers supérieurs attachés auxdites Troupes du Corps-royal, ils continueront de rouler pour le service d'Infanterie avec ceux de la garnison.

4.

Les Mineurs exempts de service d'Infanterie dans les Places.

LES compagnies de Mineurs seront exemptes dans les Places de toute autre garde que celle pour la police de leur quartier & pour le parc des mines.

3. Novembre 1776.

63

5.

LES compagnies d'Ouvriers étant destinées à être employées dans les arsenaux aux travaux de l'Artillerie, seront exemptes de tout service d'Infanterie dans les Places.

6.

TOUT Officier du Corps-royal de l'Artillerie, détaché dans une Place, communiquera ses ordres au Commandant de ladite Place & à celui de l'Artillerie, & il informera de son arrivée le Secrétaire d'État ayant le département de la guerre, ainsi que le Directeur du département.

7.

LORSQU'IL sera envoyé un régiment du Corps-royal ou un détachement, soit d'un régiment dudit Corps, soit des compagnies de Mineurs ou d'Ouvriers, dans une Place où il se trouvera un Officier employé pour le service de l'Artillerie, plus élevé en grade, ou plus ancien, à grade égal, que celui qui commandera ledit régiment ou détachement, alors le commandement appartiendra sans difficulté à l'Officier de la Direction, lequel ne pourra cependant intervertir en aucune façon l'ordre, la discipline intérieure & les détails de la Troupe; mais il ordonnera sur ce qui concerne le service, & le Commandant de ladite Troupe sera tenu de lui rendre compte de sa force & des mutations qui pourront y arriver, ainsi que des détachemens qui seront commandés, soit pour prendre les armes, ou pour les exercices quelconques.

Si, au contraire, l'Officier de la Direction se trouve dans le cas de déférer le commandement à l'Officier qui commandera un desdits régimens ou détachemens, il sera tenu alors de lui communiquer l'inventaire de la Place, pour en prendre lecture, sans cependant déplacer ledit inventaire, & il lui rendra compte de la quantité & de la force des pièces de canon qui pourront entrer dans la Place, ou en sortir : il sera pareillement tenu de lui demander les détachemens dont il pourroit avoir besoin pour le service de l'Artillerie dans la Place; & pour qu'il sache combien il pourra employer d'hommes à ce service, l'Officier commandant le régiment ou le détachement, le fera informer de la force de la Troupe, & des mutations qui pourront y arriver.

8.

Commandement de l'Artillerie dans les Places assiégées.

S'IL arrivoit qu'un régiment ou un détachement du Corps-royal, à l'exception des compagnies ou détachemens de Mineurs, fût envoyé pour la défense d'une Place dans laquelle il se trouvât un Officier employé pour le service de l'Artillerie, pour lors le commandement appartiendroit, sans aucune réserve & sans difficulté, à l'Officier le plus élevé en grade, ou au plus ancien, à grade égal, qui pourroit se faire rendre tels comptes qu'il jugeroit à propos.

9.

Les Officiers de Mineurs & les autres Officiers du Corps-royal, ne prendront les uns sur les autres, que les honneurs du commandement.

LES Officiers du Corps des Mineurs, détachés pour la défense des Places, rouleront de même avec ceux des régimens, des compagnies d'Ouvriers & des directions, pour les honneurs du commandement seulement : N'entendant point Sa Majesté, que pour cette raison l'Officier de Mineurs à qui seront déférés les honneurs du commandement, puisse donner des ordres sur les objets qui concernent le service de l'Artillerie, ni que l'Officier commandant l'Artillerie, puisse en donner sur ce qui concerne le service des mines : Veut Sa Majesté que les uns & les autres observent & remplissent les déférences dûes à la supériorité du grade ou à l'ancienneté, & qu'ils se renferment exactement dans leurs fonctions particulières.

10.

Par qui l'Ordre sera porté.

L'ORDRE sera porté tous les jours dans les Places, par le Major, ou, à son défaut, par un Lieutenant en troisième du régiment, au Commandant du Corps-royal, quel qu'il soit, ainsi qu'au Colonel, ou, en son absence, au Commandant du régiment : il sera porté, par un Sergent-major, au Lieutenant-colonel, & autres Officiers supérieurs du du Corps; & par des Sergens, aux Capitaines. A l'égard des Lieutenans, l'Ordre leur fera porté par lefdits Sergens lorfqu'ils feront commandés pour le fervice, & par un Caporal lorfqu'ils ne le feront pas.

S'il n'y avoit dans une Place qu'un détachement d'une ou deux compagnies du Corps-royal, l'Ordre fera porté par un Sergent à celui qui commandera, & il fera porté aux autres Officiers, comme il eft dit ci-deffus; & quand il n'y aura ni régiment ni détachement dudit Corps, un Sergent de la garnifon le portera feulement à l'Officier qui commandera l'Artillerie en chef dans la Place.

I I.

LES Officiers détachés pour le fervice de l'Artillerie dans les Places, pafferont en revue devant le Commiffaire des guerres & du Corps-royal, ou à fon défaut devant celui de la Place; lorfqu'il fe trouvera dans la Place un régiment du Corps-royal, lefdits Officiers détachés fe tiendront avec l'État-major dudit régiment, chacun dans le rang dû à fon grade: s'il ne s'y trouve qu'un détache-ment, ils s'y joindront pareillement fuivant leur grade & leur ancienneté; & s'il n'y a point de Troupe dudit Corps dans ladite Place, alors le Commiffaire des guerres & du Corps-royal, ou celui qui en fera les fonctions, verra lefdits Officiers dans l'Arfenal ou dans tout autre lieu connu, deftiné au fervice de l'Artillerie.

Revue
du Commiffaire
des guerres.

I 2.

LES Sous-directeurs, les Capitaines en premier & les Capitaines en fecond du Corps-royal, qui feront détachés dans les Places, rendront compte aux Directeurs, des détails dont ils feront chargés: les Directeurs en rendront compte au Secrétaire d'État de la guerre, & ils en infor-meront en même-temps l'Infpecteur général du département.

Comptes rendus
par les Officiers
détachés
dans les Places.

I 3.

LES Infpecteurs des manufactures d'armes, rendront compte directement au premier Infpecteur; mais ils feront

Les Infpecteurs
des manufactures
d'armes,

R

*rendront compte
au premier
Inspecteur.*

obligés d'informer en même-temps l'Inspecteur général du département, de ce qui se passera d'essentiel dans lesdites manufactures.

Les Officiers employés dans les fonderies & dans les forges, rendront compte aussi directement au premier Inspecteur; mais ils n'en seront pas moins aux ordres du Directeur du département, & ils l'informeront de tout ce qui se passera dans lesdites fonderies & forges.

14.

*A qui seront laissés
les papiers
concernant
l'Artillerie
dans les Places.*

TOUT Officier du Corps-royal, qui se trouvera dans le cas de quitter une Place pour passer à une autre destination, laissera tous les papiers concernant le service dont il étoit chargé, à l'Officier qui viendra le remplacer; ils en dresseront ensemble un inventaire dont il sera fait trois copies qu'ils signeront, l'une desquelles sera envoyée au Secrétaire d'État ayant le département de la guerre, l'autre sera gardée par l'Officier remplacé pour lui servir de décharge, & la troisième sera jointe aux papiers de la Place.

15.

TOUT Officier du Corps-royal, qui recevra des ordres pour s'absenter momentanément du lieu de sa résidence, ou qui sera obligé d'en partir avant l'arrivée de l'Officier nommé pour le remplacer, laissera les papiers dont il étoit chargé, avec leur inventaire, au plus ancien des Officiers dudit Corps, qui seront employés sous ses ordres dans la même Place, pour être remis par lui à son successeur; & dans le cas où il ne se trouvera dans ladite Place qu'un seul Officier du Corps-royal, s'il arrive qu'il soit obligé d'en partir avant d'avoir été remplacé, il déposera chez le Major de la Place, lesdits papiers renfermés sous un scellé qui ne pourra être levé que par le successeur dudit Officier, ou par le Directeur ou Sous-directeur du département; & dans l'un & l'autre cas, l'inventaire desdits papiers, sera toujours adressé au Secrétaire d'État ayant le département de la guerre, par l'Officier qui les aura laissés.

16.

LORSQU'UN Officier du Corps-royal, employé dans une Place, viendra à mourir, le scellé sera apposé sur les papiers concernant le service de l'Artillerie, dont il étoit chargé, par le Major & à son défaut par l'Aide-major de la Place, en présence des autres Officiers du Corps-royal, qui se trouveront employés dans la même résidence; & ledit scellé ne pourra de même être levé qu'en leur présence; il sera dressé en même-temps par lesdits Major ou Aide-major, de concert avec les Officiers du Corps-royal, un inventaire desdits papiers dont il sera envoyé une copie au Secrétaire d'État ayant le département de la guerre.

Lorsqu'il ne se trouvera pas d'Officier du Corps-royal dans la Place, le Major, après avoir apposé le scellé sur lesdits papiers, sera tenu d'en avertir sur le champ le Directeur ou le Sous-directeur du département, qui enverra sur les lieux un Officier pour retirer lesdits papiers, & le scellé ne pourra être levé qu'en présence dudit Officier.

TITRE IV.
Apposition des scellés sur les papiers de l'Artillerie, après la mort d'un Officier, & levée desdits scellés.

17.

LES Directeurs dont les départemens ne sont pas trop étendus, visiteront au moins une fois l'an, les Places de leurs directions, & ceux dont les Places sont trop éloignées les unes des autres, les visiteront au moins une fois tous les deux ans. Ils observeront de choisir, autant que faire se pourra, pour cette tournée, le mois de Septembre, pour qu'ils puissent voir l'exécution des ouvrages faits pendant l'année, & arrêter, de concert avec les Officiers employés dans chaque Place, les projets & estimations des ouvrages à faire l'année suivante.

Tournées des Directeurs.

18.

CHAQUE Directeur remettra tous les ans à l'Inspecteur général du département, les projets des différens ouvrages & des réparations à faire, tant aux attirails qu'aux bâtimens de l'Artillerie dans les Places de sa direction; il joindra auxdits projets les plans, profils & élévations qui pourront

Le Directeur remettra les projets d'ouvrages à l'Inspecteur.

être nécessaires, afin de donner à cet Inspecteur les connois-sances dont il aura besoin pour son travail d'inspection. Lesdits projets seront communiqués par le Directeur à ceux des Commandans de province, ou Lieutenans géné-raux commandant les divisions, qui, par des ordres parti-culiers, auront été autorisés à en prendre connoissance, afin de les mettre à portée d'envoyer à ce sujet leurs observations au Secrétaire d'État ayant le département de la guerre.

19.

Projets
des ouvrages.

LES Capitaines employés dans les Places, ne propo-seront directement aucun ouvrage au Secrétaire d'État ayant le département de la guerre; ils rendront seulement compte au Directeur, & en son absence au Sous-directeur du département dans lequel ils seront employés, des répa-rations qu'il leur paroîtra nécessaire de porter en projet pour l'année suivante, ainsi que des sommes auxquelles pourront monter lesdites réparations.

20.

Exécution
des ouvrages ;
par qui faits.

LORSQUE l'Inspecteur général aura reçu l'état des ouvrages ordonnés par Sa Majesté, il enverra à chacun des Directeurs qui seront à ses ordres, une copie colla-tionnée par lui, de ce qui concernera sa direction. Chaque Directeur enverra de même à son Sous-directeur & aux Capitaines employés dans les Places où il y aura quelques ouvrages à exécuter, des copies collationnées par lui, de ce qui concernera lesdits ouvrages. Lesdits Sous-directeurs & Capitaines, dresseront les devis & conditions, confor-mément à chacun des articles portés dans les états qui leur auront été adressés; ils les enverront ensuite au Di-recteur qui en rendra compte à l'Inspecteur général.

Les constructions & réparations d'attirails, continueront de se faire par économie.

Les entretiens ordinaires & les réparations de bâtimens, ainsi que les constructions de ce genre, dont le prix ne

passera

69

paſſera pas mille livres, continueront de même de ſe
faire par économie.

Lorſqu'il s'agira de conſtructions conſidérables de bâtimens & magaſins, les marchés s'en feront par adjudication,
conformément à l'Ordonnance du 27 juin 1776.

21.

TOUT Officier du Corps-royal, qui ſe trouvera chargé
dans une Place, de la conduite de quelques ouvrages de
l'Artillerie, adreſſera tous les mois au Directeur du département, un état de l'avancement & de la ſituation deſdits
ouvrages, & le Directeur en rendra compte auſſi tous
les mois au Secrétaire d'Etat de la guerre; il en informera
de même l'Inſpecteur général.

Compte à rendre de l'avancement des ouvrages.

22.

LESDITS Officiers chargés de l'exécution des ouvrages,
ſe conformeront, avec la plus grande exactitude, à l'état
de ceux qui ſeront ordonnés; & ne pourront, ſous quelque
prétexte que ce puiſſe être, changer en tout ou en partie,
la deſtination des fonds, ſans un ordre du Secrétaire d'État
ayant le département de la guerre.

Conſervation de chaque fonds pour ſon objet.

23.

SA MAJESTÉ fait pareillement très-expreſſes défenſes
aux Inſpecteurs, aux Directeurs & à tous autres Officiers
du Corps-royal, chargés ſous leurs ordres, de l'exécution
des ouvrages, d'en entreprendre aucun ſans un ordre du
Secrétaire d'État de la guerre; à l'exception cependant de
ceux qui ne pourroient être différés ſans préjudicier évi-
demment au ſervice de Sa Majeſté, ainſi qu'à la conſervation & à la ſûreté des munitions, effets & bâtimens de
l'Artillerie. Les Directeurs, & même les Officiers employés
ſous leurs ordres dans les Places de leurs directions, pourront prendre ſur eux, dans ces cas urgens, de faire travailler
aux réparations qui ne pourroient pas ſouffrir de retarde-
ment; mais ils en rendront compte ſur le champ au Secrétaire d'État de la guerre, en lui faiſant connoître la néceſſité

Ouvrages qui peuvent ſe commencer ſans ordre.

S

du parti qu'ils auront pris, & ils lui enverront l'estimation de la dépense à laquelle pourront monter ces réparations : chacun de ces Officiers en rendra pareillement compte à son Supérieur.

24.

Toise définitif des ouvrages.

LORSQUE les ouvrages qu'il aura été ordonné de faire aux bâtimens destinés au service de l'Artillerie, seront achevés, les Officiers du Corps-royal qui en auront conduit l'exécution, en seront, en présence des Entrepreneurs, le toisé général & définitif, dont ils enverront trois copies au Directeur : celui-ci en adressera une au Secrétaire d'État de la guerre, en même temps que les autres états de dépense, & il en sera un extrait qu'il enverra à l'Inspecteur général pour en former un état apostillé pour son travail d'inspection.

Lorsque les Commandans des provinces ou Lieutenans généraux commandant les divisions, auront des ordres particuliers pour prendre connoissance de ces travaux, les toisés leur en seront adressés pour les approuver.

25.

Dépenses relatives aux attirails d'Artillerie.

IL sera envoyé par le Directeur, au Secrétaire d'État de la guerre, un état de toutes les dépenses relatives aux attirails & autres parties du service de l'Artillerie dans les Arsenaux.

26.

Conditions sous lesquelles un Officier peut s'absenter de sa résidence.

AUCUN des Officiers du Corps-royal, employé dans les Places, ne pourra s'absenter du lieu de sa résidence, sous quelque prétexte que ce soit, sans un congé de Sa Majesté, signé du Secrétaire d'État ayant le département de la guerre, ou sans la permission de son Directeur, ou autre Officier supérieur sous les ordres duquel il sera employé ; & celui-ci ne pourra la lui donner que pour trois jours au plus, en cas que le Commandant de la Place y donne son agrément.

27.

Un Officier peut être tiré

SA MAJESTÉ veut bien aussi permettre aux Inspecteurs

71

généraux & aux Directeurs, chacun dans l'étendue de son département, de faire passer un Officier du Corps-royal d'une Place dans une autre, à l'occasion d'un travail pressé; mais lorsqu'ils se trouveront dans le cas de faire ces déplacemens, ils en rendront compte sur le champ au Secrétaire d'État de la guerre.

TITRE IV.

d'une résidence pour être employé dans une autre, par l'Inspecteur & par le Directeur.

28.

LESDITS Officiers employés dans les Places, soit qu'ils aient reçu des ordres de l'Inspecteur général ou du Directeur du département, pour passer d'une Place dans une autre, soit qu'il leur ait été ordonné par le Secrétaire d'État ayant le département de la guerre, de se rendre à une nouvelle destination, soit enfin qu'ils aient obtenu un congé de Sa Majesté, ne pourront quitter le lieu de leur résidence sans en prévenir le Commandant de la Place. Quant à ceux de ces Officiers dont les fonctions s'étendront hors de la Place de leur résidence ordinaire, ils informeront de leur départ ledit Commandant, qui ne pourra ni les obliger de s'expliquer sur les motifs de leur absence, ni leur rien prescrire sur le temps de leur retour.

Tout Officier qui quittera une Place, sera obligé de demander la permission au Commandant de la Place.

29.

TOUT Officier du Corps-royal commandant l'Artillerie dans une Place, tiendra la main à ce que le Garde-magasin d'Artillerie remplisse exactement les devoirs de son emploi; il veillera particulièrement à ce qu'il ne fasse aucune espèce de remise ou de consommation sans son ordre, ou sans des ordres supérieurs qui seront toujours présentés audit Commandant de l'Artillerie, pour être visés par lui.

Le Commandant de l'Artillerie veillera sur le service du Garde d'Artillerie.

Il n'aura pas moins d'attention à ce que les armes soient bien entretenues, & il répondra personnellement des négligences qu'il pourra avoir tolérées dans cette partie.

30.

LESDITS Officiers auront soin aussi d'informer régulièrement leurs Directeurs, de la conduite, application &

capacité desdits Garde-magasins, & ils en rendront compte aux Inspecteurs généraux du Corps-royal, dans chacune de leurs tournées.

31.

Travailleurs de la Garnison.

LORSQU'IL y aura quelques manœuvres à faire dans une Place où il ne se trouvera pas assez de Soldats du Corps-royal pour les exécuter, le Commandant de l'Artillerie s'adressera à celui de la Place, qui lui fera fournir par la garnison les détachemens nécessaires pour l'exécution desdites manœuvres.

32.

Compte que les Directeurs rendront des Officiers qui sont à leurs ordres.

LES Directeurs de l'Artillerie tiendront la main à ce que tous les Officiers du Corps-royal employés sous leurs ordres remplissent les fonctions qui leur seront confiées; ils veilleront à leur conduite, s'attacheront à exciter leur zèle & leur émulation, à développer leurs talens, à s'assurer sur-tout de celles des différentes parties de l'Artillerie auxquelles chacun d'eux paroîtra le plus propre, & ils en rendront compte à la fin de chaque année à l'Inspecteur général.

33.

Compte qu'ils rendront aux Inspecteurs généraux, lors de leurs tournées.

LORSQUE les Inspecteurs généraux feront leur inspection, les Directeurs des départemens leur rendront un compte exact de tout ce qui aura rapport au service de l'Artillerie; ils leur donneront communication de tous les papiers qui leur seront confiés. Les Inspecteurs les vérifieront, & verront si ceux de l'année précédente ont été ajoutés à l'inventaire de ceux qui existoient précédemment: lesdits Directeurs accompagneront les Inspecteurs dans les Places de leurs directions, si ceux-ci le jugent nécessaire.

34.

Défenses de communiquer les papiers de l'Artillerie.

SA MAJESTÉ fait très-expresses défenses, sous les peines les plus graves, à tous Officiers du Corps-royal, de communiquer à qui que ce soit qu'à leurs supérieurs & aux Officiers généraux, sans un ordre du Secrétaire d'État

ayant

73

ayant le département de la guerre, les papiers concernant l'Artillerie, ni les plans qui pourront leur avoir été confiés.

35.

LES Gardes d'Artillerie seront responsables des Effets qui seront dans leurs magasins, & en conséquence ils en auront seuls les clés, à l'exception cependant des magasins à poudre dont les portes doivent être garnies de trois serrures différentes, ainsi que de trois clés, une desquelles sera remise au Commandant de la Place, une autre au Commandant de l'Artillerie, & la troisième restera au Garde, de façon qu'il ne puisse ouvrir lesdits magasins sans la participation de ces deux Commandans.

36.

LES Gardes d'Artillerie, ainsi que les Sous-gardes établis dans quelques Places pour les aider dans leurs fonctions, seront payés des appointemens qui leur seront réglés, sur les revues des Commissaires des guerres & du Corps-royal: chacun desdits Gardes exécutera ce qui lui sera ordonné pour le service, par l'Officier qui commandera l'Artillerie dans la Place, & il se conformera, tant pour la tenue de ses registres & papiers, que pour tout ce qui peut avoir rapport à la comptabilité, à ce qui lui sera prescrit par le Commissaire des guerres & du Corps-royal. Lesdits Gardes & Sous-gardes, ainsi que les Chefs des Ouvriers de chaque Arsenal, auront dans les manœuvres & travaux de l'Artillerie, le commandement sur les Sergens-majors, Sergens-fourriers & Soldats des Troupes qui seront détachées pour lesdites manœuvres.

37.

CHAQUE Garde d'Artillerie, aura deux registres cotés & paraphés par le Commissaire des guerres & du Corps-royal; dans l'un, il transcrira proprement l'inventaire de tous les effets & munitions qui seront confiés à sa garde, & qui y seront détaillés conformément au modèle qui lui sera remis; il portera dans un second registre, jour par jour, les effets qui lui seront remis & ceux qu'il aura délivrés de ses magasins.

38.

Ils ne pourront vien délivrer sans l'ordre d'un Officier du Corps-royal.

AUCUN desdits Gardes ne pourra délivrer ni consommer aucun effet ni munitions, sans l'ordre par écrit de l'Officier qui commandera l'Artillerie dans la Place.

39.

Inventaires qu'ils enverront tous les ans.

CHACUN desdits Gardes dressera tous les ans, dans la forme ordinaire, un nouvel inventaire des effets & munitions d'Artillerie dont il sera chargé; il sera fait cinq expéditions dudit inventaire, qui seront signées de lui, certifiées par l'Officier chargé du détail de l'Artillerie de la Place, vérifiées par le Commissaire des guerres & du Corps-royal, & visées par le Directeur ou Sous-directeur quand ils seront présens: l'une de ces expéditions sera envoyée, dans les premiers quinze jours de chaque année, au Secrétaire d'État ayant le département de la guerre; la seconde à l'Inspecteur général, la troisième au Directeur, la quatrième à l'Officier qui commandera l'Artillerie dans la Place, & la cinquième au Commissaire des guerres & du Corps-royal. Le Garde d'Artillerie sera aussi tenu de remettre une copie dudit inventaire au Commandant de la Place lorsque celui-ci l'exigera.

40.

État de remises & de consommations à envoyer tous les trois mois.

LESDITS Gardes seront tenus aussi de dresser tous les trois mois, cinq états détaillés des remises & consommations qui auront été faites dans les magasins de l'Artillerie: ces états seront signés, vérifiés & visés, comme il est ordonné par l'article précédent, & ils auront les mêmes destinations.

41.

Conducteurs du charroi. Leurs fonctions.

SA MAJESTÉ supprime la place de Conducteur général de charroi à l'arsenal de Paris, & en conserve cependant les appointemens & logement à celui qui en est actuellement pourvu; Elle conserve les deux Conducteurs attachés

75

à chacune des anciennes Écoles, & ils continueront de faire le service de la Place & de l'École, ainsi qu'il sera expliqué au Titre *concernant le service des Écoles.*

42.

LES Artificiers attachés aux Places, continueront d'y faire leur service particulier, & d'aider à la conduite des manœuvres de l'Artillerie; & ceux qui seront attachés aux Écoles seront spécialement chargés, sous les ordres des Commandans desdites Écoles, de l'instruction des Artificiers & autres Soldats du Corps-royal.

Artificiers.
Leurs fonctions.

43.

LES Ouvriers d'État ordinaires qui sont actuellement entretenus dans les Arsenaux de construction, seront aux ordres des Directeurs desdits Arsenaux, & travailleront journellement aux constructions & radoubs des attirails de l'Artillerie.

Ouvriers d'État.
Leurs fonctions.

44.

LES Canonniers d'État, employés dans les Places, continueront d'y faire le service aux ordres de ceux qui y commanderont l'Artillerie.

Canonniers d'État.
Leurs fonctions.

45.

LES Conducteurs du charroi, les Artificiers, les Ouvriers & Canonniers d'État, seront payés de leurs appointemens sur les revues des Commissaires des guerres & du Corps-royal.

Tous les Employés
seront payés
sur les revues
des Commissaires.

46.

LES Commissaires des guerres & du Corps-royal de l'Artillerie, résideront dans les lieux qui leur seront indiqués, & ne pourront s'absenter de leurs départemens sans une permission du Secrétaire d'État ayant le département de la guerre.

Résidences
des Commissaires
des guerres
& du Corps-royal.

47.

ILS feront les revues des régimens & détachemens du Corps-royal, qui se trouveront dans l'étendue de leurs

Revues
qu'ils doivent faire

Extraits de revue;
à qui remis.

départemens, ainsi que des Officiers de ce Corps, détachés dans les Places & aux Écoles, des Ouvriers, des Canonniers d'État & des Employés de l'Artillerie.

LES extraits desdites revues, seront remis par ces Commissaires aux Majors ou Officiers chargés du détail des Troupes qu'ils passeront en revue, ainsi qu'aux Commis des Trésoriers généraux du Corps-royal, pour servir au payement des appointemens & solde des Officiers, Soldats, Ouvriers, Canonniers d'État & Employés; & enfin aux différens fournisseurs de pain, Entrepreneurs d'hôpitaux, de lits militaires, & tous autres qui sont dans le cas de faire quelques fournitures aux troupes du Corps-royal. Lesdits Commissaires enverront de pareils extraits au Secrétaire d'État ayant le département de la guerre, & aux Intendans sous les ordres desquels ils se trouveront.

48.

Vérification
qu'ils doivent faire
des papiers
des Gardes
d'Artillerie.

ILS coteront & parapheront les registres que les Gardes d'Artillerie doivent tenir, & ils vérifieront généralement toutes les pièces qui doivent servir à leur décharge, & justifier les remises & consommations qu'ils feront.

49.

ILS vérifieront pareillement les inventaires & les états de remises & consommations, ainsi que les dépenses de toute espèce concernant le service de l'Artillerie.

50.

Tournées
qu'ils feront.

ILS feront tous les ans la tournée des Places de leurs départemens, & il leur sera adressé par le Secrétaire d'État ayant le département de la guerre, l'état des magasins dont il sera jugé à propos qu'ils fassent une vérification exacte: en conséquence de cet ordre, ils examineront conjointement avec les Officiers du Corps-royal employés dans les Places, tous les effets d'Artillerie qui se trouveront dans les magasins qui leur seront indiqués; & d'après cet examen, ils en dresseront un procès-verbal assez détaillé, pour qu'on puisse connoître, non-seulement la quantité & la qualité

des

3. Novembre 1776

77

des Effets, mais encore ceux qui seront en état de servir, ceux qui auront besoin d'être réparés, & ceux qui seront totalement hors de service; ils adresseront ce procès-verbal au Secrétaire d'État ayant le département de la guerre.

TITRE IV.

§. I.

LORSQU'UN Garde d'Artillerie mourra, le Major de la Place avec un Officier d'Artillerie, s'il s'y en trouve, se transportera dans la maison de ce Garde pour mettre le scellé sur ses papiers, à la réserve des registres qui seront remis à l'Officier d'Artillerie, après en avoir vérifié le nombre de feuilles: toutes les clés des magasins seront déposées chez le Commandant de la Place, & s'il est nécessaire, pour quelque raison que ce soit, d'entrer dans lesdits magasins, le Commandant de la Place nommera un Aide-major pour y aller avec l'Officier d'Artillerie, & chacun d'eux tiendra un état de ce qui pourra entrer dans lesdits magasins & en sortir.

S'il n'y a point d'Officier d'Artillerie dans la Place, le Major fera seul ce qui est ordonné ci-dessus pour ce qui concerne le scellé & les clés; & s'il est nécessaire de tirer ou de déposer quelque chose dans les magasins, le Commandant de la Place nommera quelqu'un pour en aller faire l'ouverture, & dresser un état de ce qui sera délivré ou remis; lequel état sera certifié par un Officier de l'État-major, qui sera toujours présent toutes les fois que les magasins seront ouverts, & en sera rapporter les clés chez le Commandant.

A la mort d'un Garde d'Artillerie dans une Place où il y a un Arsenal de construction, on prendra les précautions spécifiées ci-dessus pour les magasins dans lesquels on n'est pas obligé d'entrer journellement.

Quant à ceux qui doivent de nécessité rester ouverts pour fournir aux consommations journalières des travaux, le Commandant de la Place nommera quelqu'un pour assister, conjointement avec celui que le Directeur aura

U

nommé, aux consommations & remises qu'il sera nécessaire de faire : ces personnes signeront l'état qui en sera dressé ; & s'il se trouve sur le lieu des héritiers du Garde défunt, ils pourront aussi nommer de leur part quelqu'un pour assister auxdites remises & consommations, & en signer l'état conjointement avec les personnes susdites.

Ces formalités auront lieu jusqu'à l'installation du nouveau Garde.

52.

Vérification des magasins, après la mort d'un Garde.

LORSQU'IL aura été nommé à une place de Garde d'Artillerie vacante, le Commissaire des guerres & du Corps-royal, se transportera sur les lieux pour être présent à la vérification & à la description qui seront faites des effets qui se trouveront dans les magasins ; & il sera procédé à cette opération, en présence de l'Officier commandant l'Artillerie, qui sera chargé d'installer le nouveau Garde. Lesdits Commissaires auront attention de faire signer, par ce nouveau Garde, une reconnoissance au bas de l'inventaire, des effets, attirails & munitions qui se seront trouvés dans lesdits magasins.

53.

Marchés au-dessus de mille livres ; par qui faits.

TOUS les marchés concernant le service de l'Artillerie pour des objets au-dessus de mille livres, seront passés dans la forme prescrite par l'Ordonnance du 27 juin 1776 ; à l'exception toutefois des marchés que le Secrétaire d'État de la guerre jugera à propos de passer directement, & de ceux qui seront passés en conséquence des soumissions qu'il aura approuvées. Quant aux objets au-dessous de mille livres, les marchés en seront passés par-devant le Directeur, de concert avec les Commissaires des guerres & du Corps-royal.

54.

Vérification des dépenses faites pour constructions & réparations d'attirails.

LORSQU'IL sera question de construire ou de réparer des effets & attirails d'Artillerie, en conséquence des états arrêtés par le Secrétaire d'État de la guerre, les Commissaires des guerres & du Corps-royal en seront avertis, &

79

se transporteront dans les lieux où l'on travaillera; ils auront attention de vérifier toutes les pièces de dépenses, soit en deniers, soit en effets, lesquelles seront auparavant arrêtées par le Directeur. Les premières ne pourront être allouées dans les comptes du Trésorier, qu'autant qu'elles seront revêtues de cette formalité & ordonnancées par les Intendans, & les dernières ne pourront servir à la décharge du Garde d'Artillerie, à moins qu'elles ne soient vérifiées par le Commissaire des guerres & du Corps-royal.

TITRE IV.

55.

IL sera donné avis aux Commissaires des guerres & du Corps-royal, des épreuves de poudre qui devront se faire dans leurs départemens; & ils seront tenus de s'y transporter, afin d'être présens à l'épreuve & à la réception qui en seront faites par les Directeurs ou par le plus ancien Officier d'Artillerie employé dans la Place. Ils dresseront & signeront le procès-verbal d'épreuve, & délivreront les certificats de réception à l'Entrepreneur général, pour obtenir son payement; ils veilleront à ce que ces poudres soient exactement pesées & convenablement embarillées.

Les Commissaires des guerres assisteront à l'épreuve des poudres.

56.

COMME les fontes de l'Artillerie demandent la plus grande attention, il y aura un Commissaire du Corps-royal dans chacune des villes du royaume où il existe une fonderie; lequel tiendra, de concert avec l'Officier chargé de l'inspection de la fonderie, un état de chaque pièce de métal qui entrera dans les charges des fourneaux, en distinguant les quantités de métaux neufs & vieux qui seront employés: Il assistera aussi aux épreuves de canons, mortiers & autres pièces d'Artillerie, & il en dressera & signera les procès-verbaux; tous les Officiers du Corps-royal, employés dans lesdites Places, seront appelés à ces épreuves.

Fonctions des Commissaires dans les fonderies.

57.

LEDIT Commissaire sera tenu de vérifier l'existence &

la situation des outils & ustensiles fournis par Sa Majesté, & dont le Fondeur est chargé.

58.

LES Commissaires des guerres & du Corps-royal, seront tenus de se transporter dans les Places de leurs départemens, pour être présens aux remises qui s'y feront pendant le cours de l'année, par les Marchands, Entrepreneurs, Fournisseurs & autres, auxquels il aura été passé des marchés particuliers : En conséquence, il sera donné avis auxdits Commissaires du temps auquel les fournitures devront être livrées dans les magasins, afin qu'ils puissent s'y rendre à temps pour examiner si les fournitures sont conformes aux marchés. Ils dresseront des procès-verbaux de ces remises, lesquels seront signés, tant par eux que par l'Officier commandant l'Artillerie dans la Place, en présence duquel ils seront faits, & qui aura particulièrement attention de vérifier la qualité des fournitures. Les Commissaires chargeront de ces effets les Gardes d'Artillerie, qui en donneront leurs reçus au bas des procès-verbaux ; & ce ne sera qu'en rapportant lesdits procès-verbaux revêtus de ces formalités, que les Entrepreneurs ou Fournisseurs pourront être autorisés à demander le payement de leurs fournitures, parmi lesquels, s'il s'en trouve qui ne soient pas conformes aux clauses des marchés, les Commissaires du Corps-royal, en rendront compte au Secrétaire d'État de la guerre, & en préviendront le Directeur du département, ainsi que l'Intendant.

TITRE V.

Du service des Mineurs dans les Places.

ARTICLE PREMIER.

LORSQU'IL s'agira de préparer dans une Place, des défenses par les contre-mines, ou d'exécuter des mines de démolition,

81

démolition, le Commandant des Ingénieurs remettra à celui des Mineurs, sur son reçu, un extrait du Plan-directeur de la Place, & des profils des parties de la fortification, dont la connoissance lui sera nécessaire pour l'exécution de ses projets.

2.

QUAND il faudra exécuter un projet de mines qui aura été arrêté & ordonné par Sa Majesté, il en sera dressé par le Commandant des Mineurs, des devis signés de lui; lesquels seront remis à l'Ingénieur en chef, pour que, sur ces devis, le Commandant du Génie & celui des Mineurs, passent, de concert & conformément à l'Ordonnance du 27 juin 1776, les marchés pour la fourniture des matériaux qu'ils auront jugés ensemble être nécessaires à l'exécution dudit projet.

Devis des mines à remettre à l'Ingénieur.

3.

DANS le cas où il n'y auroit point de projets arrêtés par Sa Majesté, & où l'on ne pourroit pas attendre des ordres à ce sujet, le Commandant du Génie & celui des Mineurs, se réuniront chez celui des deux qui sera le plus élevé en grade, ou le plus ancien à grade égal, pour convenir ensemble du choix des parties de la fortification qu'il seroit le plus à propos de contre-miner: Ils iront ensuite faire part au Commandant de la Place, du résultat de leurs réflexions, & prendront ses ordres.

Choix des fronts à décider entre les Ingénieurs & les Mineurs.

4.

LE front étant déterminé, le Commandant des Mineurs proposera & dirigera les opérations, sera chargé de leur exécution, en rendra compte directement au Commandant de la Place, prendra immédiatement ses ordres sur ce qui regardera son service, & informera de tout, par des Mémoires & des Plans, le Secrétaire d'État ayant le département de la guerre.

Le Commandant des Mineurs, chargé exclusivement de l'exécution des projets de mines.

5.

LORSQUE les Mineurs exécuteront des travaux de

TITRE V.

X

fortification, autres que ceux des contre-mines, comme coupures, poternes & autres souterrains, l'Ingénieur en chef en marquera la position sur le terrein, & en remettra les plans, coupes & profils aux Officiers de Mineurs qui seront tenus de s'y conformer exactement, & seront seuls chargés de la direction du travail de leurs Soldats : bien entendu cependant que le Commandant du Génie suivra les travaux dont il est question dans cet article & dans le précédent, autant qu'il le jugera nécessaire pour se mettre en état d'en faire les toisés dont il sera chargé ci-après.

6.

*Poudre & outils
fournis
par l'Artillerie.*

LES poudres dont les Mineurs auront besoin, ainsi que les outils & ustensiles, seront tirés des magasins de l'Artillerie, sur le reçu du Commandant des Mineurs ; & quand les travaux seront finis, ledit Commandant fera remettre au Garde d'Artillerie, un état de ce qu'il aura consommé, ainsi que des effets qui lui resteront & qu'il aura soin de faire remettre audit Garde, en en tirant un reçu, & en lui faisant transcrire cette remise sur son registre.

7.

*Toisés définitifs
des travaux
de mines.*

LORSQUE les travaux de mines seront achevés, l'Ingénieur en chef, en présence du Commandant & des autres Officiers de Mineurs, en fera le toisé général & définitif, qu'ils signeront tous ; lequel toisé servira au payement des Mineurs qui aura été réglé par l'Ingénieur en chef, suivant la circonstance & la nature du travail, de concert avec le Commandant des Mineurs en présence du Commandant de la Place.

8.

*Lesdits travaux
inscrits dans
le livre in-folio
de l'Ingénieur.*

LES plans & les profils relatifs aux toisés & attachemens généraux des ouvrages des mines, seront inscrits au même instant qu'ils seront pris, dans le livre *in-folio* de l'Ingénieur en chef, destiné à cet usage pour les autres ouvrages de la fortification, & ils seront signés par le Commandant des Mineurs.

9.

LE Commandant des Mineurs, ne pourra, sous les peines les plus graves, laisser prendre ou conserver pour lui, aucune copie des plans qui lui auront été communiqués, ni de ceux des contre-mines qu'il aura exécutées; & lorsque lesdits travaux seront finis, il remettra lesdits plans au Commandant des Ingénieurs, en retirant son reçu.

TITRE V.

Défenses aux Officiers des Mineurs, de communiquer ou conserver des plans.

10.

LORSQUE le Commandant des Mineurs établira quelques contre-mines, il se fera accompagner & aider par les Officiers de Mineurs qu'il aura sous ses ordres, & auxquels il expliquera les raisons qui le déterminent dans la disposition de ses galeries, l'usage qu'il se propose d'en faire pour la défense de la Place, ainsi que les différentes opérations de leur construction. Il délivrera à ceux qui en seront chargés, partie des plans & les devis qui leur seront nécessaires; lesquels plans lesdits Officiers auront soin de lui remettre lorsque les travaux seront finis, & de n'en conserver ni laisser prendre aucune copie, sous peine d'être cassés, & même de plus grande punition, suivant l'exigence du cas.

Officiers de Mineurs, instruits par le Commandant, du projet des contre-mines.

11.

L'INTENTION de Sa Majesté est que l'on empêche avec soin les fréquentations des lieux où l'on exécute quelques travaux de mines, & que personne ne puisse visiter les galeries, qu'avec un ordre par écrit du Commandant de la Place.

Défenses de laisser fréquenter les mines.

TITRE VI.

Du service en général dans les anciennes Écoles du Corps-royal.

ARTICLE PREMIER.

CHACUNE des anciennes Écoles du Corps-royal de l'Artillerie, sera commandée par l'Officier que Sa Majesté

TITRE VI.

nommera à cet emploi, & en son absence par le Colonel ou le Lieutenant-colonel du régiment qui tiendra garnison dans la ville où ladite École sera établie ; & lorsqu'il y aura deux régimens dans une même École, ce commandement passera au plus élevé en grade, ou au plus ancien à grade égal des deux régimens.

2.

Les Officiers supérieurs assisteront à l'École de pratique.

LE Commandant de l'école, suivra par lui-même, autant qu'il le pourra, les exercices de pratique ; mais le Colonel & le Lieutenant-colonel, seront alternativement commandés pour y présider : à la fin de ces exercices, ils informeront le Commandant, des progrès & de l'assiduité des Officiers, afin de le mettre en état d'en rendre compte à l'Inspecteur du département & au premier Inspecteur.

3.

Le Colonel & le Lieutenant-colonel remplacés aux exercices de pratique, par les Chefs de brigade.

LORSQUE le Colonel ou le Lieutenant-colonel seront absens ou malades, ils seront remplacés à l'École de pratique par le premier Chef de brigade du bataillon qui aura été commandé ce jour-là pour ladite École, & le Major suppléera les Chefs de brigade.

4.

Maîtres entretenus dans chaque École.

SA MAJESTÉ continuera d'entretenir dans chaque École du Corps-royal, un Professeur de Mathématiques, un Aide-professeur ou Répétiteur, & un Maître de dessin : Il y aura en outre un Directeur du parc, un Sous-directeur & deux Conducteurs du charroi, dont un sera chargé des détails de Garde d'Artillerie du parc. Les fonctions des Officiers & Employés, seront ci-après détaillées.

5.

École de Théorie & de Pratique.

IL y aura une école de Théorie ou de Pratique alternativement tous les jours de la semaine, excepté les Dimanches & Fêtes. Les jours de Théorie seront décidés par les jours de marchés, pendant lesquels le tir du canon pourroit incommoder davantage le concours des habitans.

6. LES

85

6.

LE Chef de brigade & le Major, rouleront entr'eux pour commander chaque jour aux écoles de Théorie; ce qui ne dispensera pas le Colonel & le Lieutenant-colonel d'y assister, autant que leurs autres fonctions pourront le leur permettre.

Il sera aussi commandé un Capitaine pour présider auxdites Écoles, sous l'autorité du Chef de brigade ou Major.

7.

L'ÉCOLE de pratique aura lieu le plus matin qu'il se pourra, dans les trois jours de la semaine qui lui seront assignés.

8.

ON observera de faire fournir les Gardes & les Travailleurs par un même bataillon, afin que celui qui sera commandé pour l'École de pratique, puisse y aller en entier.

TITRE VII.

Des Exercices de Théorie & de Pratique dans les anciennes Écoles.

ARTICLE PREMIER.

ON mènera chaque fois à l'École de pratique la moitié des Canonniers & Sapeurs de chaque régiment, c'est-à-dire, un bataillon. Quant aux Bombardiers, le Commandant de l'École les y fera aller tous, de deux exercices l'un, ou tous les jours d'exercice, s'il le juge à propos; & dans ce cas, il sera le maître de les exempter de la garde & des travaux, en tout ou en partie.

2.

LES compagnies de Sapeurs qui dans les siéges ne

Y

doivent être occupées qu'à la sape, devant néanmoins, dans les autres circonstances de la guerre, être employées à servir le canon de bataille, seront instruites; 1.° à la sape; 2.° à l'exécution du canon de bataille; 3.° à la partie de l'artifice relative à la conservation & aux réparations des munitions nécessaires à ce canon; 4.° enfin aux différentes manœuvres. Leurs instructions sur ces divers objets seront partagées de façon que de huit exercices elles en emploient un à la manœuvre, un à l'artifice, deux au canon de bataille & quatre à la sape.

3.

Instruction des Canonniers.

LES compagnies de Canonniers auront quatre objets d'instructions; savoir, la construction des batteries, la manœuvre, la partie de l'artifice qui leur est propre, & enfin le tir du canon qui se subdivise en canon de place, de siége & de bataille. Ces compagnies feront le service du canon de place par demi-escouades, & serviront l'autre canon par des escouades entières. On emploira, chaque jour d'exercice, une demi-compagnie au tir de quatre pièces de place, une compagnie & demie au tir de six pièces de siége, deux compagnies à l'exécution de huit pièces de bataille, deux autres à la construction des batteries, & la septième compagnie sera occupée une fois à la manœuvre & une fois à l'artifice; de sorte qu'en quatorze exercices un Canonnier aura passé une fois au tir du canon de place, à la manœuvre & à l'artifice, trois fois au tir du canon de siége, quatre fois à celui du canon de bataille & quatre fois à la construction des batteries.

4.

Instruction des Bombardiers.

LES compagnies de Bombardiers auront six objets d'instruction; savoir; le service des mortiers & pierriers, celui des obusiers, le tir du canon de bataille, la construction des batteries, l'artifice & la manœuvre. Elles serviront les mortiers & les pierriers par demi-escouades, & feront les autres services par escouades entières. On emploira, chaque jour d'Ecole, une compagnie pour servir

509

87

TITRE VII.

huit mortiers ou pierriers, & une autre pour servir quatre
obusiers. La troisième compagnie sera employée, de
deux Écoles l'une, alternativement au canon de réserve
& à la construction des batteries, & la quatrième aussi
alternativement à l'artifice & à la manœuvre ; de sorte
qu'en huit Écoles un Bombardier aura passé deux fois au
service du mortier, autant à celui des obusiers, & une
fois seulement au canon de bataille, à la construction des
batteries, à l'artifice & à la manœuvre.

5.

POUR exercer les Sapeurs, Canonniers & Bombardiers,
comme il est ordonné par les articles précédens, on
mettra en batteries six pièces de canon, montées en affût
de siége, dont trois du calibre de 24, & trois de celui
de 16 ; quatre autres pièces montées en affût de place,
dont une de 16, deux de 12 & une de 8 ; deux obusiers
de 8 pouces, trois mortiers de 12 pouces, trois de
8 pouces, & deux pierriers ; & pour manœuvrer en plaine,
on aura quatre pièces de canon de chacun des calibres
de 12, 8 & 4, montés sur des affûts de bataille, & deux
obusiers de 6 pouces.

Bouches-à-feu
à mettre
en batterie,
& à manœuvrer
en plaine.

6.

ÉTANT nécessaire d'accoutumer les Sapeurs à travailler
avec leurs cuirasses & leurs pots-en-tête, afin de prévenir
qu'ils n'en soient trop incommodés à la guerre, faute
d'habitude, on observera de les armer dans les Écoles,
comme s'ils avoient à craindre le feu de l'Ennemi, & on
ne leur permettra pas de quitter leur armement pendant
la durée du travail.

Les Sapeurs
travailleront
armés.

7.

LA manœuvre du canon & des mortiers n'étant jamais
commandée à la guerre par les Officiers de l'État-major
des régimens, & l'étant toujours par les Officiers des
compagnies, les Capitaines desdites compagnies la commanderont aux Écoles ; cependant chacun d'eux aura

L'exercice
du canon
& des mortiers
par qui commandé.

attention d'en charger ordinairement ſes ſubalternes pour les y accoutumer.

Il en ſera de même pour les manœuvres d'Artillerie, qui ſeront toujours commandées par les Capitaines & les Officiers des compagnies.

Le Commandant de l'École aura ſoin auſſi de faire faire à l'École de pratique le ſervice de Soldat par les Officiers qui entreront dans les régimens, pendant le temps qu'il jugera néceſſaire pour leur apprendre à ſervir les différentes bouches-à-feu, & à pouvoir exécuter eux-mêmes toutes les manœuvres qu'ils ſeront dans le cas de commander par la ſuite; ils ne feront aucun ſervice d'Officier, qu'ils n'aient été jugés par ledit Commandant d'École, être ſuffiſamment inſtruits dans tous les exercices de pratique.

8.

Choix du Directeur & du Sous-directeur du Parc, ainſi que leurs Aides.

LE Directeur du parc de l'École établie par l'article 4 du Titre VI de la préſente Ordonnance, ſera choiſi parmi les Capitaines en premier du régiment; le Sous-directeur du parc le ſera parmi les Capitaines en ſecond attachés à l'École: l'un & l'autre feront propoſés par le Commandant de l'École au Secrétaire d'État de la guerre, qui les nommera. Le Commandant pourra donner au Directeur, un Lieutenant en premier: & au Sous-directeur, un Lieutenant en ſecond, pour les aider; obſervant que le Lieutenant en premier ſoit du même bataillon que le Directeur, & que le Lieutenant en ſecond ſoit de l'autre bataillon: par ce moyen le Directeur & ſon Aide feront le ſervice de leurs compagnies, quand leur bataillon ſera d'École; & ce jour-là, le Sous-directeur & ſon Aide feront leurs fonctions.

Leur ſervice.

Le Directeur & le Sous-directeur pourront alterner entr'eux, pour les jours d'exercice auquel le bataillon du Directeur ne ſera pas d'École; mais l'Aide du Sous-directeur ſera toujours le ſervice à ſa compagnie, quand elle ſera d'exercice. Le Commandant pourra, s'il le juge

à propos

89

à propos, dispenser le Directeur de présider à son tour à la salle de Mathématiques.

9.

LE Directeur du parc sera chargé, sous l'autorité du Commandant en chef, de pourvoir le parc de l'École de tout ce qui y sera nécessaire; il y commandera sous la même autorité, & y fera placer les gardes & sentinelles qu'il jugera convenables; il aura toute autorité sur le Garde du parc, & il veillera à ce qu'il remplisse avec exactitude les fonctions de son emploi; il veillera pareillement à l'entretien des attirails & des bâtimens destinés à les renfermer, & rendra compte au Commandant de tout ce qui pourra mériter son attention.

Fonctions du Directeur.

10.

LE Sous-directeur du parc aidera le Directeur dans toutes ses fonctions & le remplacera au besoin.

Fonctions du Sous-directeur.

11.

L'UN des Conducteurs du charroi, fera les fonctions de Garde d'Artillerie du parc, & l'autre le service de la direction de l'Artillerie, de façon que chacun d'eux remplira l'un ou l'autre de ces services.

Comme presque toutes leurs opérations ne peuvent se faire sans le secours de Soldats dont ils puissent disposer, Sa Majesté donne aux Conducteurs le rang de Sergent-major.

Fonctions des Conducteurs & Gardes du Parc.

12.

CELUI qui fera les fonctions de Garde, se chargera au commencement de l'année, de toutes les bouches-à-feu, effets, munitions & attirails d'Artillerie, composant l'équipage du parc de l'École, par un inventaire fait en présence du Directeur du parc, lequel sera transcrit sur un registre qui sera coté & paraphé par le Commissaire des guerres & du Corps-royal: ce Garde aura un second registre qui sera pareillement coté & paraphé, & sur lequel il transcrira les remises & consommations d'effets & de

Z

TITRE VII.

munitions qui se feront journellement; il formera tous les trois mois, un état de ces remises & consommations; & lors des changemens des Gardes, il sera fait une vérification réelle des effets dont il aura été chargé, après quoi on procédera à l'installation de son successeur & à un nouvel inventaire.

13.

LE Garde d'Artillerie du parc, ne fera aucune livraison des munitions ou effets qui seront à sa charge, sans un ordre du Directeur; & il sera tenu de se conformer à tout ce qui est prescrit pour les Gardes d'Artillerie, dans les Places & aux Armées.

14.

Inventaires & états de remises & de consommations: par qui certifiés & envoyés.

LES inventaires & les états de remises & consommations, seront non-seulement certifiés par les Gardes d'Artillerie, mais aussi par le Directeur & le Sous-directeur du parc; ils seront ensuite vérifiés par le Commissaire des guerres & du Corps-royal employé dans le département, & visés par le Commandant de l'École: le Directeur du parc adressera tous les ans, une expédition de cet inventaire au Secrétaire d'État ayant le département de la guerre, & tous les trois mois les états de remises & de consommations.

15.

Constructions & réparations: par qui proposées.

LE Commandant de l'École auquel le Directeur du parc rendra compte journellement des consommations, des effets à remplacer, des dépenses faites & des dépenses à faire, décidera, relativement à l'état des fonds accordés pour l'École, des projets de constructions & de réparations qui pourront être proposés, & il en enverra les états à la fin de chaque année, au Secrétaire d'État ayant le département de la guerre, pour être approuvés: ils seront signés du Directeur du parc & visés par ledit Commandant.

16.

Remises & consommations de l'École de Dessin.

LE Directeur & le Sous-directeur du parc, seront chargés de veiller de même aux remises & consommations

91

de l'École de deſſin: ils en fourniront des états particuliers;
& il en ſera uſé, ſoit pour les dépenſes faites, ſoit pour
les dépenſes à faire, comme il eſt ordonné par l'article
précédent pour celles du parc; en obſervant de ne pas
excéder, tant pour les unes que pour les autres, les fonds
qui leur ſeront accordés.

17.

LES trois jours de la ſemaine qui ne ſeront pas employés
à l'École de pratique, le Profeſſeur ouvrira tous les matins,
à neuf heures, la ſalle de Mathématiques, qui ſe tiendra
pendant trois heures.

18.

CES trois heures ſeront diviſées en deux parties, d'une
heure & demie chacune.

Les Officiers qui devront ſe trouver à la ſalle, ſeront
auſſi diviſés en deux claſſes, qui ſeront réglées par le
Commandant de l'École, ſuivant la capacité deſdits
Officiers, & ſans égard à leur ancienneté.

19.

LA première claſſe ſera compoſée des Officiers les
moins inſtruits; ils y ſeront d'abord entretenus & raffermis
dans les premiers principes : après quoi on leur donnera
des leçons du Calcul littéral & de l'application de l'Algèbre
à la Géométrie.

On leur ſera faire auſſi des applications de la théorie à
la pratique; & on aura attention de diriger toutes ces
inſtructions, ſur-tout aux objets les plus néceſſaires à un
Officier d'Artillerie.

20.

ON expliquera, dans la ſeconde claſſe, les Mécaniques
& l'Hydraulique, qu'on appliquera auſſi aux machines en
uſage, & qui peuvent être utiles à l'Artillerie; on donnera
aux Officiers qui compoſeront cette claſſe, des leçons de
fortifications, dans leſquelles on diſcutera les avantages &
les imperfections des différens ſyſtèmes. On donnera auſſi

*Salle de
Mathématiques.*

à cette claſſe, pendant une partie de l'année, au choix du Commandant, des leçons abrégées de Phyſique & de Chimie, ſur les parties dont la connoiſſance eſt utile à l'Artillerie.

21.

Officiers qui doivent s'y trouver.

LES Lieutenans en troiſième, ſeront diſpenſés de ces ſalles ; les Lieutenans en ſecond & tous les Lieutenans en premier, ſeront obligés de s'y trouver à l'heure indiquée, & d'y ſuivre, chacun dans la claſſe où il aura été placé, les inſtructions qui y ſeront données.

Ceux qui pourront en être exemptés.

Si cependant quelques-uns de ces Officiers étoient reconnus, par l'Inſpecteur, avoir des connoiſſances ſupérieures à celles qu'on donnera à la ſalle, il pourra les en exempter pour les mettre à portée d'employer plus utilement leur temps chez eux.

22.

Compte à rendre des Officiers qui auront manqué à la ſalle.

L'INTENTION du Roi étant qu'aucun des Officiers qui doivent aſſiſter à cette ſalle, ou à toute autre inſtruction, ne s'en diſpenſe pas ſans des raiſons légitimes ; celui qui en aura de cette nature, en fera informer l'Aide-major, chez lequel le Lieutenant en troiſième de ſemaine ira en prendre l'état pour le porter à celui qui commandera ladite inſtruction, & lui rendre compte des raiſons de leur abſence : ce Commandant en rendra compte au Commandant de l'École, qui fera mettre aux arrêts & même en priſon, ſuivant l'exigence du cas, ceux qui ſe ſeront abſentés ſans cauſe légitime.

23.

Aſſemblées des Capitaines.

LES Capitaines s'aſſembleront un jour de chaque ſemaine, au choix du Commandant, dans la ſalle de Mathématiques, pour y traiter, par forme de conférence, les différentes parties de l'Artillerie : ces aſſemblées ſe tiendront l'un des jours d'École de pratique, dans le temps de l'année où elle aura lieu, depuis quatre heures juſqu'à ſix de l'après-midi, & depuis dix heures du matin juſqu'à midi lorſque leſdits exercices auront ceſſé.

24. ON

93

24.

ON traitera dans ces conférences, des constructions & machines de l'Artillerie, dont on discutera les principes; des manœuvres, des fonderies, des proportions des différentes bouches-à-feu, & de la façon de les charger & pointer, pour en tirer les effets qu'on se propose; de la fabrique des poudres, des procédés en usage dans les différentes manufactures d'armes, des fers coulés, & enfin on fera des applications des Mécaniques, de la Physique & de la Chimie, à tout ce qui a rapport au matériel de l'Artillerie.

25.

ON s'y instruira de l'approvisionnement des Places pour leur défense, de celui des Équipages de campagne & de Siége, des fonctions des Directeurs, Sous-directeurs & Officiers de l'Artillerie en résidence, relativement aux travaux qu'ils peuvent être chargés de faire exécuter, à la comptabilité des dépenses qu'ils occasionnent, & au bon ordre qu'ils doivent faire observer par les Gardes d'Artillerie.

26.

ON y parlera des mines, pour qu'un Capitaine ait quelques connoissances sur cette matière, & qu'il puisse, en cas de nécessité, suppléer au défaut des Mineurs; on y traitera des fortifications, relativement à l'attaque & à la défense des Places, & de la disposition la plus avantageuse des batteries dans les deux cas; on y parlera aussi de la Tactique & de la façon de tirer le meilleur parti de son canon en campagne; enfin on ne négligera, dans ces conférences, aucun des objets qui pourront procurer aux Officiers du Corps-royal, les connoissances nécessaires pour remplir avec honneur les fonctions dont ils devront être chargés, & qui tendront à perfectionner le service de Sa Majesté dans cette partie.

27.

LE Professeur de Mathématiques, sera toujours présent

à ces assemblées, & le Commandant de l'École pourra y admettre ceux des Lieutenans qu'il en jugera capables, & qu'il aura reconnu avoir acquis les connoissances préliminaires qui y seront nécessaires.

Les Capitaines en second, employés dans les Places ou à l'École, auront aussi droit de s'y trouver, lorsque leurs fonctions particulières ne les en empêcheront pas.

28.

*Ordre à observer
dans le choix
des matières
qu'on traitera
à ces assemblées.*

LES Chefs de brigades proposeront au Commandant les matières qu'ils se croiront en état de traiter dans l'assemblée des Capitaines ; ils lui communiqueront les détails de leurs projets sur ces matières, & quand il les aura approuvés, les Chefs de brigades conviendront ensemble & avec l'agrément du Commandant, de l'ordre qu'ils observeront entr'eux pour traiter ces différens objets.

Le Chef de brigade qui aura été désigné pour traiter une matière, en dirigera la discussion, & les autres Chefs de brigades s'y trouveront.

*Par qui
ces assemblées
seront présidées.*

Le Commandant de l'École, ainsi que le Colonel & le Lieutenant-colonel s'y trouveront aussi quand leurs occupations pourront le leur permettre, non-seulement pour exciter l'émulation des Officiers par leur présence, mais aussi pour les aider de leurs lumières, & leur faire part de leurs connoissances.

Il sera rendu compte à l'Inspecteur général, lors de son inspection, des différens sujets qui auront été traités, & les Chefs de brigades lui remettront les mémoires relatifs qu'ils croiront être intéressans & utiles au service. Cet Inspecteur enverra lesdits mémoires au premier Inspecteur, qui les fera passer, lorsqu'il le jugera à propos, au Secrétaire d'État ayant le département de la guerre, & lui en fera connoître les auteurs.

29.

Salle de Dessin.

LES Lieutenans en premier & en second, seront instruits au dessin, & divisés en deux classes par le Commandant,

3. Novembre 1776.

95

qui sera cette division suivant la capacité, & sans égard
à l'ancienneté desdits Officiers.

30.

LA première classe sera composée des Officiers les
moins instruits, lesquels se rendront à la salle de Dessin
deux fois par semaine, les après-midi des deux premiers
jours destinés à l'école de Théorie, & ils y seront occupés
pendant deux heures, à dessiner les plans & les profils de
la fortification & des attirails les plus simples de l'Artillerie;
on leur donnera aussi les principes du lavis.

31.

LA seconde classe se tiendra dans la même salle, l'après-
midi du troisième jour destiné à l'école de Théorie, & y
sera occupée aussi pendant deux heures au dessin & au
lavis des plans, profils, cartes, & sur-tout des attirails,
machines & outils de l'Artillerie.

Le Maître de dessin distribuera les modèles aux uns &
aux autres, & leur donnera des leçons relatives à leur
force : Il sera chargé de la garde & de la distribution des
règles, papiers, couleurs & autres choses nécessaires au
dessin; à l'exception des petits compas, crayons, plumes
& pinceaux dont chaque Officier se pourvoira: Il sera
responsable au Directeur du parc, de ce qui sera à sa
charge; & il observera, pour les inventaires & les états
de remises & consommations de ces effets, tout ce qui
doit être observé pour ceux de l'Artillerie par les Gardes
du parc.

32.

LE Commandant de l'École sera le maître d'exempter
des Salles de dessin les Officiers qu'il trouvera assez instruits,
& qu'il jugera pouvoir employer plus utilement leur temps
chez eux.

33.

LE Capitaine qui aura présidé à l'école de Théorie du
matin, présidera de même l'après-midi à l'école de Dessin.

TITRE VII.

*Sera divisée
en deux classes.*

*Par qui les salles
de Dessin
& de Physique
seront présidées.*

TITRE VII.

Il veillera à ce que tout s'y passe avec la décence & l'application convenables : Il informera le Commandant de jour, de l'assiduité & des progrès de chaque Officier; & ce Commandant en rendra compte ensuite, ainsi que de ses observations particulières, au Commandant de l'École.

34.

Examen des Lieutenans.

L'INSPECTEUR général fera tous les ans un examen des Lieutenans du régiment, sur les parties qui leur auront été enseignées aux Salles; & il en enverra le résultat, avec son avis, au premier Inspecteur : Le Commandant de l'École les examinera de son côté tous les six mois.

35.

Instructions des Sergens.

L'APRÈS-MIDI de chaque jour d'école de Pratique, le Répétiteur de Mathématiques qui, le matin, aura occupé la chaire de Professeur, l'occupera une seconde fois pendant deux heures, pour enseigner, pendant la première, les quatre premières règles de l'Arithmétique à tous les Sergens du régiment, & même aux Soldats qui auront l'ambition de parvenir à leur grade; & donner pendant la seconde, à ceux desdits Sergens & Soldats qui voudront pousser plus loin leur instruction, les leçons de Théorie-pratique qui peuvent les conduire à mieux remplir leurs fonctions dans tout ce qui les concerne à la guerre ou dans les manœuvres qu'ils ont à commander ou à exécuter. Les Lieutenans en premier du régiment, seront commandés, chacun à son tour, pour présider à leur instruction : Celui qui sera de jour, rendra compte au Colonel, pour le mettre en état de connoître la capacité des Sergens & celle des Soldats que le concours peut élever à leur grade.

Il s'y trouvera aussi chaque jour un des Lieutenans en troisième, pour savoir si les Sergens qui ont dû y aller, s'y sont effectivement trouvés; & il en rendra compte au Colonel, quand quelqu'un y aura manqué.

36.

TOUS les Officiers des régimens du Corps-royal, auront

soin

soin de prendre dans les Arsenaux de construction, le plus
de connoissances qu'ils pourront de tous les travaux qui
s'y exécutent : Ils s'attacheront à connoître les principales
dimensions des pièces & de tous les attirails, le calibre
ordonné pour chaque espèce de fer coulé, le poids des
principales munitions d'Artillerie, & enfin le prix commun
des bois, fers & autres matériaux dans les différentes provinces où les régimens se trouveront en garnison.

37.

LES connoissances des fers, des métaux, des poudres
& des bois étant nécessaires aux Officiers du Corps-royal,
& ces connoissances ne pouvant s'acquérir qu'à l'aide de
celles de la Physique & de la Chimie ; l'intention de Sa
Majesté est que les Professeurs de Mathématiques donnent,
dans les salles, des instructions fréquentes & détaillées sur
les parties de ces deux sciences qui peuvent être relatives à
ces différens objets. Les Commandans des Écoles rendront
compte à l'Inspecteur général des Officiers qui néglige-
roient de profiter de ces instructions.

38.

LE Commandant choisira de temps en temps quelques
beaux jours pris sur ceux destinés à la Théorie, pour faire
faire sur le terrein, par le Professeur de Mathématiques ou
le Répétiteur, des applications de la Théorie à la Pratique,
ainsi que pour apprendre à lever des plans, profils &
Cartes, & faire des opérations analogues à la force de
chaque Officier : ce Commandant décidera si les deux
classes devront y aller ensemble ou séparément.

Les Chefs de brigades choisiront aussi quelques-uns de
ces beaux jours pour mener les Officiers de leurs brigades
sur le terrein, & leur apprendre à se former le coup-d'œil,
à reconnoître les Places, & à disposer les batteries pour
leur attaque, le plus avantageusement qu'il est possible.

39.

ON donnera aussi aux Officiers les connoissances les
plus nécessaires pour l'établissement des ponts, soit en y

TITRE VII.

*Connoissances
que les Officiers
doivent se procurer.*

*Opérations
pratiques.*

*Instructions
sur les ponts.*

B b

employant de grands bateaux, des bateaux portatifs ou des pontons, même à faire des ponts avec des chevalets, lorsque l'occasion le requiert; cette instruction plus particulière aux Officiers d'Ouvriers, ne devant pas être étrangère à tout Officier du Corps-royal de l'Artillerie, qui doit être propre, autant qu'il est possible, à toutes les espèces de service confiées à ce Corps.

40.

L'INTENTION de Sa Majesté est que l'on suive scrupuleusement, dans toutes les Écoles, l'exercice qui sera réglé pour le canon de siége, de place & de bataille, ainsi que pour toutes les autres bouches-à-feu, généralement quelconques.

TITRE VIII.

Du Service particulier des Mineurs, à l'École destinée pour ce Corps.

ARTICLE PREMIER.

Commandement de l'École.

LE Commandant particulier du corps des Mineurs, établi par l'article 39 du Titre I.er de la présente Ordonnance, sera chargé des fonctions du Commandant de l'École destinée pour ce Corps; &, en son absence, l'Officier le plus élevé en grade, commandera ladite École. Les Officiers de Mineurs n'en seront cependant pas moins tenus envers le Commandant particulier de la compagnie à laquelle ils seront attachés, à la même subordination à laquelle ils seroient obligés, si ladite compagnie étoit détachée.

2.

SA MAJESTÉ entretiendra, dans l'École établie pour le corps des Mineurs, un Professeur de Mathématiques & un Répétiteur qui sera en même temps Maître de Dessin.

99

3.

LES Capitaines en second, ainsi que les Lieutenans en premier & en second, suivront exactement les salles de Mathématiques; & tous ceux qui y assisteront, se conformeront sur tout ce qui a rapport à l'étude des Sciences Physico-mathématiques & du Dessin, aux Réglemens du Corps-royal, & à ceux qui seront faits en particulier pour le corps des Mineurs, sur les objets qui sont du ressort du Professeur de Mathématiques & du Maître de Dessin.

Obligations des Officiers, sur l'étude des Mathématiques.

4.

A l'égard de la Théorie des mines & de tous les objets qui y seront relatifs, dont les instructions seront confiées au Chef de brigade ou à celui qui en fera les fonctions, il sera fait à ce sujet des réglemens particuliers auxquels tous les Capitaines seront tenus de se conformer, ainsi que les autres Officiers qui, étant assez instruits dans les connoissances préliminaires, auront été dispensés par l'Inspecteur commandant en chef, de suivre les exercices du Professeur de Mathématiques.

Obligations des Capitaines, sur l'étude de la Théorie-pratique des mines.

5.

L'ÉCOLE-PRATIQUE pour les Mineurs, aura lieu pendant le Printemps, l'Été & l'Automne, suivant les projets qui auront été arrêtés par le Commandant en chef, pour l'instruction des Officiers & Soldats-mineurs; lesquels feront ce service entr'eux, suivant les réglemens qui seront arrêtés à ce sujet, de manière qu'ils puissent être suivis à la guerre comme à l'École.

Exercice de pratique pour les mines.

6.

LE Chef de brigade, ou celui qui en fera les fonctions, sera spécialement chargé, sous l'autorité du Commandant du Corps des Mineurs, de diriger les ouvrages extérieurs, comme bastions, demi-lunes, lunettes, batteries, sapes & autres travaux qui doivent accompagner les opérations des mines.

Conduite des travaux extérieurs.

7.

CET Officier aura soin, dans la conduite des différens travaux, de faire instruire les Mineurs par leurs Officiers & bas Officiers; de manière qu'ils entendent les profils des ouvrages & retranchemens, qu'ils sachent gazonner, fasciner, conduire les talus, employer les pailles & broussailles pour soutenir les terres; placer & distribuer diligemment les Travailleurs dans le tracé des ateliers, afin que, dans les circonstances de la guerre où les moyens ordinaires des Ingénieurs ne pourroient pas suffire pour exécuter en peu de temps de grands retranchemens, ils puissent trouver des secours dans les compagnies de Mineurs.

8.

LE Directeur du parc de l'École des Mineurs, sera choisi parmi les Capitaines en premier, & nommé par le Secrétaire d'État de la guerre, d'après la proposition que lui en fera le Commandant en chef, qui pourra lui adjoindre pour l'aider, un Capitaine en second, ou un Lieutenant, s'il le juge à propos : Ledit Commandant en chef, choisira de même, parmi les Sergens-majors ou Sergens de Mineurs, un sujet auquel il confiera les fonctions de Garde du parc. Le Directeur & ce Garde observeront ce qui leur sera prescrit par le règlement particulier.

9.

LES Mineurs seront exercés par l'Aide-major du Corps & par les Lieutenans en troisième des compagnies, au maniement des armes & aux évolutions qui leur conviennent, pendant l'hiver, & dans les autres saisons, les jours où ils ne seront point occupés de leurs travaux.

10.

LORSQUE quelque compagnie de Mineurs sera détachée dans les anciennes Écoles du Corps-royal, elle y sera immédiatement aux ordres du Commandant de l'École; & l'Officier qui commandera cette compagnie, proposera à ce Commandant les projets des mines à exécuter. Les

Officiers

101

Officiers des Mineurs donneront à ceux des régimens qui seront nommés par le Commandant de l'École, des instructions sur la conduite & le service des mines, pour qu'au défaut de Mineurs, ils puissent dans l'occasion en faire usage à la guerre.

TITRE IX.

Du service du Corps-royal en campagne.

ARTICLE PREMIER.

LORSQUE Sa Majesté voudra mettre un Équipage d'Artillerie en campagne, Elle nommera l'Officier qu'Elle destinera pour le commander en chef, avec un ou plusieurs Commandans en second, un Major & des Aides-major de l'équipage, un Directeur & un Sous-directeur du parc, ainsi que les Officiers des différens grades qu'Elle jugera à propos de tirer des Places pour servir à la suite dudit équipage, & aider à la manutention & aux détails. *Composition de l'État-major des Équipages.*

Sa Majesté nommera pareillement le Commissaire des guerres & du Corps-royal, ainsi que les Gardes, Aumônier, Chirurgien, Conducteurs de charroi, Artificiers & Ouvriers d'État qui seront jugés nécessaires à la suite dudit équipage; auquel tous les Officiers & Employés énoncés ci-dessus, resteront attachés pendant toute la campagne, jusqu'à ce qu'ils soient licenciés.

2.

LE Trésorier général du Corps-royal de l'Artillerie, tiendra, à la suite dudit équipage, un Commis qui sera chargé de la caisse destinée au payement de tout ce qui a rapport au Corps-royal & au service de l'Artillerie. *Établissement d'un Commis du Trésorier général.*

3.

L'ARTILLERIE sera divisée en deux parties, dont l'une sera distribuée aux bataillons d'Infanterie dont l'armée sera *Division de l'Artillerie à l'armée.*

composée; l'autre le sera, en conséquence des ordres du Général de l'armée, en deux ou trois réserves qui seront placées à la droite, à la gauche & au centre de la ligne d'infanterie : l'Artillerie de chaque réserve sera nécessairement partagée en divisions de huit pièces de même calibre, afin de pouvoir attacher une compagnie à chacune de ces divisions, & donner deux pièces à chaque escouade : les obusiers seront placés à la réserve du centre, ou à celle de l'une des ailes, s'il n'y a point de réserve au centre.

4.

Les canons de l'Infanterie servis par le Corps-royal.

IL sera affecté deux pièces de canon à chacun des bataillons d'Infanterie qui entreront en campagne, à l'exception de ceux de la Maison du Roi qui en sont pourvus; ces pièces seront servies par des Sergens & Soldats du Corps-royal; il sera nommé au commencement de la campagne, le nombre nécessaire de compagnies du Corps-royal pour le service desdites pièces de canon. Les Capitaines de ces compagnies seront aux ordres des Commandans des brigades d'Infanterie, auxquelles elles seront attachées; lesquels Commandans auront pareillement la disposition des canons affectés à leurs brigades : Veut cependant Sa Majesté, que les Chefs de brigades & autres Officiers supérieurs du Corps-royal, aient toujours l'inspection sur le service & la manutention desdites bouches-à-feu, ainsi que sur les compagnies qui auront été nommées pour les servir.

5.

Canonniers destinés au canon d'Infanterie, & à celui de réserve.

LES compagnies de Sapeurs seront toujours destinées de préférence au service du canon de l'Infanterie; celles de Canonniers serviront le canon de réserve & celui de l'Infanterie : observant de donner dans chaque brigade, le canon de réserve & les plus gros calibres aux plus anciennes compagnies,

Les compagnies de Bombardiers serviront les obusiers; & au défaut de Canonniers, elles serviront aussi le canon de bataille; mais on leur donnera toujours du canon de

2. Novembre 1776.

103

réserve, & jamais celui de l'Infanterie. Lorsque les bouches-à-feu, tant de l'Infanterie que de la réserve, auront été distribuées aux différentes compagnies, elles les conserveront jusqu'à la fin de la campagne, à moins qu'il ne survienne un siége ou quelques autres cas particuliers qui obligent indispensablement de les leur changer.

6.

LORSQU'APRÈS l'assemblée de l'armée il sera question de faire la distribution générale de l'Artillerie sur la ligne, s'il se trouve deux régimens du Corps-royal à ladite armée, le premier sera chargé de l'Artillerie de la droite, en commençant par cette droite, & s'étendant vers le centre; le second régiment sera chargé de l'Artillerie de la gauche, en commençant par la gauche, & s'étendant aussi vers le centre.

Ordre de bataille des régimens du Corps-royal.

7.

S'IL n'y a qu'un régiment d'Artillerie à l'armée, les deux bataillons de ce régiment en useront entr'eux, comme il est ordonné par l'article précédent pour deux régimens.

8.

S'IL se trouve à l'armée un régiment du Corps-royal avec une partie d'un autre, le régiment entier servira l'Artillerie de la droite, en s'étendant sur la gauche autant que sa force le lui permettra; & la partie de l'autre régiment servira l'Artillerie de la gauche.

9.

LORSQUE l'on destinera une ou plusieurs compagnies de Bombardiers à servir du canon de réserve, les compagnies prendront leur canon dans la réserve à laquelle seront affectés les obusiers, afin que le Chef de brigade de Bombardiers puisse, autant que faire se pourra, veiller sur toutes ses compagnies.

10.

LES bataillons d'un même régiment se formeront entre eux, suivant l'usage, par droite & par gauche, c'est-à-dire que lorsqu'un régiment sera à la droite de l'armée, la première brigade du premier bataillon aura la droite, & la première du second aura la gauche du régiment. Cet ordre sera renversé si le régiment est à la gauche de l'armée.

11.

LES Chefs de brigades fourniront ordinairement deux de leurs compagnies pour le service du canon de l'Infanterie, & garderont avec eux les deux autres pour servir deux divisions de pièces de canon de réserve. S'il se trouvoit cependant qu'il y eût moins de bouches-à-feu à la réserve que l'Infanterie n'en auroit, il faudroit, dans ce cas, qu'un ou plusieurs Chefs de brigades fournissent trois de leurs compagnies à l'Infanterie, ne gardant avec eux à la réserve, que la compagnie qui leur resteroit.

12.

Première & seconde lignes à fournir par les brigades.

LORSQUE la place que les brigades d'Artillerie devront occuper en bataille sera marquée, chacune desdites brigades fournira au service, du canon d'Infanterie qui se trouvera le plus à sa portée; observant que les plus anciennes compagnies fournissent la première ligne, & les moins anciennes la seconde.

13.

LA première distribution des troupes du Corps-royal étant une fois faite, conformément aux articles précédens, Sa Majesté laisse à la prudence du Commandant en chef de l'Artillerie, d'y faire les changemens que ceux qui arriveront dans la ligne nécessiteront dans l'Artillerie; observant toujours de rassembler, autant que faire se pourra, les compagnies d'une même brigade, & les brigades d'un même bataillon.

14.

Troupes d'Infanterie affectées au service de l'Artillerie en campagne.

L'INTENTION de Sa Majesté étant d'affecter au service de l'Artillerie, en entrant en campagne, des bataillons de Milice ou autres de ses Troupes; Elle entend que lesdits bataillons ou compagnies soient répartis par le Commandant

de

105

de l'Artillerie, & affectées aux différentes réserves, ainsi
qu'au grand parc & aux pontons, pour fournir aux gardes
ordinaires & aux manœuvres de l'Artillerie; & Elle veut
que lesdites Troupes exécutent ou fassent exécuter, sans
difficulté, tout ce qui leur sera prescrit pour le service,
par les Officiers du Corps-royal avec lesquels elles seront
détachées.

TITRE IX.

15.

LES Troupes qui seront affectées au service de l'Artillerie, seront en nombre à peu-près égal à celui des Soldats
du Corps-royal qui serviront les réserves d'Artillerie : ce
nombre sera augmenté, selon le besoin, pour fournir aux
gardes des Officiers supérieurs de l'Artillerie auxquels il
en sera dû.

16.

LE Commandant de chaque réserve, distribuera les
détachemens d'Infanterie qui auront été affectés pour toute
la campagne, au service de l'Artillerie de sa réserve.

*Distribution
de l'Infanterie
attachée au service
de l'Artillerie.*

17.

CETTE distribution sera faite à raison de cinquante-six
hommes manœuvrans, pour chaque compagnie servant
du canon de 12, & de trente-deux hommes pour chaque
compagnie servant du canon de 8.

18.

LES Capitaines les répartiront à chacune de leurs
pièces; mais ces Soldats, quoiqu'affectés auxdites bouches-
à-feu, ne les suivront que quand il leur sera ordonné, &
ils seront ordinairement destinés à faire les avant-gardes
& arrières-gardes des réserves, & à leur préparer les
chemins.

19.

LE grand parc composé des munitions, effets & attirails
qu'on ne jugera pas à propos de mener à la suite des

D 4

bouches-à-feu, sera placé avec les pontons, autant que faire se pourra, derriere le centre des deux lignes.

20.

Où camperont les Mineurs & les Ouvriers.

LES compagnies de Mineurs & d'Ouvriers camperont au grand parc, ainsi que les Bombardiers qui n'auront pas de bouches-à-feu à servir, & les Troupes d'Infanterie affectées à la garde & au service dudit grand parc.

21.

Supplément de solde aux Ouvriers.

LES Ouvriers, soit qu'ils soient en compagnie ou en détachement, ne recevront aucun supplément de solde pour les réparations qu'ils feront aux voitures dans les marches, non plus que pour l'entretien des ponts lorsqu'ils seront établis, à moins qu'ils ne soient obligés de passer des nuits à ces travaux ; auquel cas ils recevront, pour chaque nuit, un supplément de solde, double de celui qui est accordé aux Ouvriers dans les Arsenaux de construction, par le règlement fait pour leur service.

Quant aux travaux qui se feront au grand & aux petits parcs, on suivra la même règle que dans les Arsenaux ; c'est-à-dire que les Ouvriers qui exécuteront lesdits travaux, recevront le supplément de solde réglé par le susdit article, quand on fera travailler plus du tiers de la compagnie ou détachement, mais ils n'auront que leur solde quand on n'en emploîra que le tiers.

S'il arrive cependant que l'on détache de l'armée, autrement que pour une marche, un ou deux Ouvriers seulement, ils recevront le supplément de solde, soit qu'ils travaillent ou non, pour les dédommager de la dépense que pourra leur occasionner le défaut d'ordinaire.

22.

Formation des petits parcs.

ON détachera du grand parc, le nombre d'Officiers, d'Ouvriers & de forges nécessaires pour former un petit parc qui sera affecté à chacune des réserves d'Artillerie, & on observera d'y envoyer assez d'Ouvriers pour pouvoir

107

attacher un Ouvrier en fer & un en bois, à la suite de chacune des compagnies qui ferviront du gros canon, toutes les fois que lefdites compagnies marcheront ou feront détachées.

23.

IL fera affecté pour toute la campagne, deux pièces de canon ou obufiers à chaque efcouade des compagnies du Corps-royal, commandée par un Officier ou Sergent-major & un Sergent: le Caporal en fervira une avec fept hommes, l'autre fera fervie par l'Appointé avec pareil nombre d'hommes.

Deux pièces affectées à chaque efcouade.

24.

LES Caporaux & Appointés, chefs de pièces, auront les clés des caiffons & coffrets dépendans defdites pièces, & feront chargés de veiller à la confervation & à l'entretien des armes & munitions, qu'ils vifiteront tous les jours avec beaucoup de foin: ils avertiront le Sergent des réparations ou remplacemens qu'il pourroit y avoir à faire, ce dernier en rendra compte au Commandant de l'efcouade, qui s'adreffera à fon Capitaine, pour qu'il y foit pourvu promptement du petit parc le plus voifin.

Fonctions des bas Officiers en campagne.

Devoirs des Commandans des efcouades.

Les fonctions du Caporal & de l'Appointé, comme chefs de pièces, exigeant de leur part une attention continuelle fur les objets dont ils font chargés, auxquels il ne pourront veiller exactement qu'en fortant de leur camp le moins qu'il fera poffible, Sa Majefté les difpenfe des gardes & des corvées, & Elle veut qu'ils ne foient commandés que pour les ordonnances.

25.

SA MAJESTÉ défend très-expreffément à ces chefs de pièces, d'admettre, fous tel prétexte que ce foit, dans les caiffons & dans les coffrets de leurs pièces, quand même ils feroient vides, d'autres effets que ceux qui font néceffaires auxdites pièces: ils en répondront perfonnellement au Sergent qui aura foin d'en faire lui-même la vifite,

Défenfe de rien admettre dans les caiffons avec les munitions.

sur-tout au moment de marcher; le Sergent en répondra au Commandant de l'escouade; & le Capitaine en cas de contravention, fera mettre sur le champ, le Sergent à la garde du camp, & le Caporal ou l'Appointé au piquet, pour être ensuite cassés & mis à la queue de la compagnie.

26.

Les Officiers en répondent.

LES trois Lieutenans & le Sergent-major d'une compagnie, répondront à leur Capitaine, chacun pour son escouade, de l'exécution des deux articles précédens; & le Capitaine qui en fera souvent l'inspection, en répondra personnellement au Chef de brigade.

27.

Devoir du Sergent en bataille.

LE Sergent sera chargé dans les batailles & autres actions de guerre, de contenir & faire manœuvrer les attelages de l'escouade, & de veiller au bon ordre dans les distributions des munitions.

28.

Devoir des Officiers subalternes.

CHAQUE Commandant d'escouade, fera manœuvrer les pièces de son escouade; il en examinera les effets pour donner à ses Canonniers, les points de hauteur convenables.

Les Capitaines dont les compagnies serviront des pièces affectées à l'Infanterie, auront attention que le canon de leurs escouades suive scrupuleusement les mouvemens des bataillons auxquels elles seront attachées, & que les Sergens contiennent les attelages à portée, & n'embarrassent pas la manœuvre des Troupes: ceux des Capitaines dont les compagnies serviront du canon de réserve, s'appliqueront à éviter la confusion dans les manœuvres, & à faire exécuter avec célérité, celles qui leur seront ordonnées par les Chefs.

Si l'armée est sur la défensive, ils donneront une attention particulière à ne pas manquer le moment où l'Ennemi approchera des points de repaire qu'ils se seront donnés, pour décider de l'instant où ils devront se servir de la cartouche.

Les Chefs de brigades veilleront à ce que tout ce qui est ordonné par les articles précédens, s'exécute sans confusion dans leurs brigades, & ils se porteront d'abord à l'endroit où ils verront commencer le désordre.

29.

Les Officiers subalternes, les Capitaines & les Chefs de brigades se conformeront exactement aux instructions qui leur seront données pour faire exécuter le service chacun dans sa partie.

30.

Les Colonels & Lieutenans-colonels qui seront distribués avec leur régiment dans les réserves d'Artillerie, feront exécuter ce qui leur sera prescrit par les Commandans desdites réserves, & observeront les manœuvres de l'ennemi, pour être en état de profiter des circonstances qui se présenteront.

Service en bataille des Colonels & Lieutenans-colonels.

31.

Chaque Commandant de réserve veillera lui-même, dans l'action, à l'exécution des ordres dont il aura été chargé; & lorsqu'il n'y jugera plus sa présence nécessaire, il se tiendra à portée des Commandans de l'aile de l'armée devant laquelle il sera posté, pour être informé d'avance des mouvemens qui seront ordonnés dans la ligne, & avoir le temps de choisir ses positions & de se préparer pour son département; observant, sur toutes choses, de ne point changer les premières dispositions ordonnées, sans de nouveaux ordres du Commandant en chef de l'Artillerie, ou sans une nécessité absolue. Il aura principalement attention de faire approcher à temps les augmentations de munitions qui pourroient être nécessaires à son Artillerie ou à l'Infanterie de son aile.

Service des Commandans de réserve.

32.

Le Commandant en chef de l'Artillerie, après avoir

L e

fait la disposition générale de l'Artillerie, & donné les instructions nécessaires d'après les ordres qu'il aura reçus du Général de l'armée, verra par lui même si tout s'exécute bien. Il se tiendra à portée du Général, pour recevoir ses nouveaux ordres, & en donner en conséquence, jusqu'à ce que les circonstances & les besoins du service l'appellent ailleurs.

Attention du Commandant en chef de l'Artillerie, dans l'action.

Service & prérogatives du Major de l'équipage de l'Armée.

33.

LE Major de l'équipage prendra le mot & l'ordre du Maréchal-de-camp de jour chez le Général de l'armée, & le portera au Commandant en chef de l'Artillerie dont il recevra les ordres, pour les distribuer comme il sera expliqué ci-après.

Il lui sera fourni tous les jours un Sergent & un Caporal d'ordonnance de chacune des réserves & du grand parc, & il lui sera remis, à l'entrée de la campagne, un état des bouches-à-feu, ainsi que des principales munitions & attirails qui composeront l'équipage d'Artillerie.

Il se tiendra, les jours de bataille, ainsi que le premier Aide-major de l'équipage, près du Commandant de l'Artillerie, pour distribuer ses ordres ; & ils seront toujours logés l'un & l'autre à portée de ce Commandant.

34.

LES Majors des régimens du Corps-royal employés à l'armée, seront Majors de brigades, & jouiront des traitemens & prérogatives accordés à ceux de l'Infanterie : le plus ancien d'entr'eux fera les fonctions de premier Aide-major de l'équipage, & les autres Majors, s'il y en a, feront celle d'Aides-major dudit équipage, chacun à l'une des réserves. Il sera nommé d'autres Officiers pour faire les mêmes fonctions aux autres réserves & au grand parc.

Si le plus ancien Major des régimens avoit été nommé Major de l'équipage, le second feroit les fonctions du premier Aide-major.

Le premier Aide-major de l'équipage ira tous les jours

chez le Major général de l'Infanterie, pour y prendre les
détails qu'il apportera au Major de l'équipage, chez lequel
se trouveront tous les Aides-major dudit équipage, tant
des réserves que du grand parc.

Ledit Major, d'après les ordres qu'il aura pris du
Commandant en chef de l'Artillerie, distribuera à ces
Aides-major l'ordre qui concernera la réserve à laquelle
chacun d'eux sera attaché.

35.

LE premier Aide-major de l'équipage, sera chargé de
faire distribuer par les autres Aides-major dudit équipage,
toutes les subsistances & fournitures, autres que les appointemens, aux Commandans & Officiers tirés des directions,
ainsi qu'à tous les Employés à la suite de l'équipage, qui
seront compris sur les états de revues du Commissaire des
guerres & du Corps-royal.

Il tiendra des registres des différentes distributions pour
pouvoir en former un état général à la fin de la campagne,
& arrêter les décomptes avec les Munitionnaires & Fournisseurs.

36.

LES Aides-major de l'équipage, attachés aux réserves
ou au grand parc, y camperont toujours, quand même
les Commandans des réserves seroient logés. Chacun de
ces Aides-major portera tous les jours l'ordre & le mot
au Commandant de la réserve à laquelle il sera attaché,
lorsque ledit Commandant sera au camp; & il recevra ses
ordres sur ce qu'il aura à y ajouter, après quoi il le
donnera au plus ancien Officier-major de la Troupe, qui
ira le distribuer au cercle.

Chaque Aide-major de l'équipage sera chargé de faire
délivrer sur ses reçus, aux Officiers & Employés attachés
à sa réserve, les subsistances dont il est fait mention dans
l'article précédent; il en conservera une note, pour en
rendre compte au premier Aide-major. Lorsqu'il y aura

TITRE IX.

TITRE IX.

des distributions à faire, il enverra son reçu par un conducteur de charroi à la suite de l'Officier-major de la Troupe; & ce conducteur en fera la répartition.

Les Aides-major de l'équipage iront au campement, pour recevoir du Major le terrein destiné à leurs réserves; &, lors d'une action, ils se tiendront chacun avec le Commandant de la réserve à laquelle ils seront attachés.

37.

Service de l'Aide-major des régimens.

L'AIDE-MAJOR de chaque régiment du Corps-royal, campera à la réserve à laquelle sera attaché le Colonel du régiment.

38.

Officiers d'Artillerie pour porter les ordres du Général de l'armée.

IL sera fourni au Général de l'armée un Officier d'ordonnance, pour porter les ordres qu'il aura à donner au Corps-royal: cet Officier sera relevé toutes les vingt-quatre heures, & sera commandé parmi les Lieutenans des compagnies employées au grand parc & aux réserves. Les Lieutenans en troisième ne feront point ce service.

39.

Service du Directeur du parc.

LE Directeur du parc sera chargé, sous l'autorité des Officiers supérieurs nommés pour commander l'équipage d'Artillerie, d'assembler ledit équipage, & de le pourvoir de tout ce qui sera nécessaire.

Ce Directeur commandera, sous la même autorité, au grand parc, & ne rendra cependant compte qu'au Commandant en chef. Il y fera placer les gardes & sentinelles qu'il jugera nécessaires, & y campera.

40.

Il détachera des Officiers de détail aux réserves.

IL fera faire au grand parc les grosses réparations de l'équipage, & il détachera à chacune des réserves un Officier de détail avec un Officier d'Ouvriers, ainsi que les Ouvriers & les forges nécessaires pour y faire les menues réparations, tant du canon de réserve que de celui de l'Infanterie: il se fera rendre compte par les Officiers de

détail,

113

détail, des confommations faites, pour les remplacer à mefure.

41.

IL aura toute autorité fur tous les Employés à la fuite de l'équipage d'Artillerie, & il veillera à ce que les Conducteurs, & fur-tout à ce que les Gardes & Sous-gardes d'Artillerie rempliffent avec exactitude les fonctions de leurs emplois; il rendra compte au Commandant de tout ce qui pourra mériter fon attention, & prendra fes ordres fur tous les remplacemens qu'il feroit néceffaire de tirer des Places voifines ou des Dépôts.

Il aura la police dans le parc.

42.

LE Directeur du parc donnera au Garde de l'Artillerie, les ordres néceffaires pour l'autorifer à faire les menues emplètes ou dépenfes, fur les fonds qui feront remis audit Garde.

43.

DANS le cas d'une bataille, le Directeur fera atteler toutes les voitures de fon parc, les formera en divifions, y placera des Gardes pour contenir tout le monde à fon pofte; & fans jamais perdre fon parc de vue, il s'avancera vers l'Armée, pour diftinguer les endroits où le feu fera le plus vif, il fera mettre en file vers ces endroits, quelques parties de munitions pour le canon & pour l'Infanterie, afin de prévenir, autant qu'il fera en lui, les demandes qui lui feront faites pour le remplacement des munitions confommées: d'un autre côté, il enverra voir fi les débouchés qu'il aura reconnus à l'avance, en cas de retraite, ne feroient point engagés par les équipages des Troupes; & fi les mouvemens qu'il verra faire à l'Armée, lui faifoient craindre que fon parc ne caufât des embarras, il le déplacera, & aura grande attention de ne point embarraffer les débouchés des Troupes.

Son fervice, lors d'une bataille.

44.

LE Sous-directeur du parc aidera au Directeur dans toutes fes fonctions, & le fuppléera au befoin.

Service du Sous-directeur du parc.

F f

*Fonctions
du Garde du parc.*

45.

Le Garde d'Artillerie du parc, se chargera, au commencement de la campagne, de toutes les bouches-à-feu, effets, munitions & attirails d'Artillerie composant l'équipage, par un inventaire fait en présence du Directeur du parc, & du Commissaire des guerres & du Corps-royal.

Les pièces & principales munitions dudit Équipage, seront portées sur un registre destiné à cet usage; & tout le reste de l'inventaire sera porté sur un second registre qui sera, ainsi que le premier, coté & paraphé par le Commissaire des guerres & du Corps-royal. Le Garde enregistrera journellement les remises & consommations qui se feront, sur celui des deux registres où seront inscrits les effets & munitions qu'il aura à remettre ou à consommer.

Il fera tous les mois un état de situation des pièces & munitions portées sur le premier registre, lequel état sera certifié par le Directeur du parc, vérifié par le Commissaire des guerres & du Corps-royal, & visé par le Commandant, pour être ensuite envoyé au Secrétaire d'État ayant le département de la guerre. Quant aux munitions comprises dans le second registre, ce ne sera qu'à la fin de la campagne qu'on en fera un état général de remises & de consommations, qui sera pareillement envoyé au Secrétaire d'État ayant le département de la guerre, & revêtu des mêmes formalités.

46.

Ce Garde ne fera aucune livraison, sans un ordre par écrit du Directeur du parc, & sans en tirer un reçu. Pour ne point cependant exposer le service dans les cas pressans, il ne pourra refuser des munitions, sous le prétexte de défaut d'ordre & de formalités; mais dans ces cas il se procurera, sitôt après, de la part du Directeur ou autres Officiers, l'ordre dont il aura besoin pour opérer sa décharge des effets délivrés.

115

47.

CE Garde aura un Livre de compte, coté & paraphé par le Commiſſaire des guerres, ſur lequel il enregiſtrera les ſommes que le Tréſorier lui donnera ſur un ordre par écrit du Commandant en chef. Il portera pareillement ſur le même Livre, toutes les dépenſes qu'il fera ſur ces fonds en menues emplètes, du payement deſquelles il prendra des reçus, autant que faire ſe pourra; il ne fera point ces emplètes, ni aucunes dépenſes quelconques, ſans un ordre par écrit du Directeur du parc.

48.

Fonctions du Commis du Tréſorier général.

LE Commis du Tréſorier général de l'Artillerie à la ſuite de l'équipage, payera tous les mois aux Tréſoriers des régimens, ſur les revues du Commiſſaire des guerres & du Corps-royal, les appointemens & ſolde deſdits régimens; & pour ce qui regardera les compagnies détachées, ainſi que celles de Mineurs & d'Ouvriers, il remettra les appointemens & ſolde deſdites compagnies aux Officiers chargés de leurs détails. A l'égard des Commandans, des Officiers détachés & des Employés à la ſuite de l'équipage, ledit Commis du Tréſorier général leur payera à chacun d'eux en particulier leurs appointemens, & il finira les décomptes avec eux.

49.

CE Tréſorier ſera auſſi chargé du payement de toutes les dépenſes de l'équipage d'Artillerie, ainſi que de celles qui pourront concerner les ponts, mais tous ces payemens ne ſeront valables qu'autant qu'ils ſeront accompagnés des formalités ſuivantes.

50.

LES dépenſes faites en conſéquence d'un marché, ne pourront être payées par le Tréſorier qu'après que le Garde d'Artillerie aura donné ſon reçu au Fourniſſeur, au bas de l'état détaillé des effets qui auront été livrés;

cet état sera certifié par le Directeur du parc, vérifié par le Commissaire des guerres, & visé par le Commandant en chef : cette pièce munie de ces formalités, & au bas de laquelle le Fournisseur aura mis sa quittance, servira de décharge au Trésorier.

5 1.

A l'égard des dépenses faites pour journées d'Ouvriers, il en sera fourni tous les huit jours audit Trésorier, un état signé du Chef des Ouvriers, certifié par le Directeur du parc, & vérifié par le Commissaire des guerres, au bas duquel le Chef des Ouvriers mettra son reçu.

5 2.

POUR subvenir aux petites emplètes & aux menues dépenses journalières, le Trésorier remettra au Garde d'Artillerie, sur son reçu & sur un ordre par écrit du Commandant en chef, la somme qui sera fixée par ce Commandant. Le Garde fournira ensuite un état détaillé des dépenses faites sur ce fonds ; lequel état sera certifié par le Directeur du parc, vérifié par le Commissaire des guerres, & approuvé par le Commandant. Ledit Garde, après avoir mis son reçu au bas de cet état, le remettra au Trésorier pour sa décharge, & retirera celui qu'il lui aura précédemment donné.

5 3.

CE Trésorier, à la fin de chaque campagne, rassemblera tous ces différens états & en formera un général, qui sera certifié par le Directeur du parc, vérifié sur les pièces justificatives par le Commissaire des guerres, visé par le Commandant en chef de l'Artillerie, & ordonnancé par l'Intendant de l'armée ; les pièces justificatives resteront au Trésorier à l'appui de son compte.

5 4.

LE Commissaire des guerres & du Corps-royal, sera informé de tout ce qui devra composer l'équipage

d'Artillerie

117

d'Artillerie, & il rendra à l'Intendant de l'armée, tous les comptes que celui-ci exigera concernant le service de l'Artillerie.

TITRE IX.

55.

IL passera en revue les régimens & compagnies détachées du Corps-royal, ainsi que les Officiers, Employés, Ouvriers, chevaux & mulets qui seront à la suite de l'équipage, lesquels ne pourront être payés de leurs appointemens, traitement & solde, que sur les extraits de revues, visés par le Commandant en chef de l'Artillerie. Le Commissaire remettra ces extraits au Commis du Trésorier général, aux Munitionnaires & autres Fournisseurs de l'armée, de même qu'aux Entrepreneurs des chevaux & mulets, pour servir à leur payement; il en enverra un au Secrétaire d'État ayant le département de la guerre, & un à l'Intendant de l'armée.

56.

IL sera remis audit Commissaire, une copie de l'inventaire des effets & munitions composant l'équipage d'Artillerie, dont le Garde du parc se chargera en sa présence.

57.

CE Commissaire dressera les procès-verbaux de la réception & de la marque des chevaux, qui se feront par les ordres du Commandant en chef, en présence des Commandans en second qui s'y trouveront, du Major & du Directeur du parc; & lorsque dans le courant de la campagne, le Commissaire s'apercevra que la marque commencera à s'effacer, il aura attention de prendre les ordres du Commandant en chef, pour la faire renouveler, afin que les chevaux d'Artillerie puissent dans tous les temps être reconnus facilement; il dressera, sur les certificats des Officiers, les procès-verbaux des chevaux tués à la guerre, ainsi que de ceux qui auront été pris par l'Ennemi, étant en convois & attelés par ordre pour le service, ou au fourrage lorsqu'ils auront été pris dans l'enceinte desdits fourrages.

58.

LE Commissaire des guerres & du Corps-royal, aura la police sur tous les Employés, Ouvriers, Charretiers & autres à la suite de l'équipage.

59.

CE Commissaire cotera & paraphera les registres du Garde d'Artillerie ; il veillera à ce qu'il enregistre exactement les remises & consommations qui se feront journellement au parc de l'armée, des effets, munitions & attirails d'Artillerie ; & à ce qu'il tienne ses registres dans le meilleur ordre possible : il enverra tous les mois au Secrétaire d'État ayant le département de la guerre, un état qui lui sera remis par le Garde, des principales munitions, effets & attirails qui auront été remis ou consommés à l'armée.

60.

IL vérifiera toutes les dépenses faites pour l'Artillerie par le Garde ou par tous autres ; Sa Majesté voulant qu'aucune de ces dépenses ne puisse être allouée dans les comptes du Trésorier, à moins qu'elles ne soient certifiées par le Directeur du parc, vérifiées par le Commissaire des guerres & du Corps-royal, approuvées par le Commandant de l'Artillerie, & ordonnancées par l'Intendant de l'armée.

61.

CE Commissaire sera chargé de passer, en présence du Directeur du parc, les marchés des différentes fournitures nécessaires pour le service de l'Artillerie ; & lors des livraisons, le Directeur du parc vérifiera la qualité desdites fournitures, & le Commissaire en vérifiera les quantités.

62.

POUR que le Commissaire des guerres & du Corps-royal, soit à portée de remplir les fonctions qui lui sont prescrites par les articles précédens, il sera tenu de camper

119

toujours au parc, sans pouvoir s'en dispenser, sous quelque prétexte que ce soit.

63.

IL sera attaché à chaque équipage un Conducteur général du charroi, qui sera affecté au grand parc avec le nombre de Conducteurs, proportionné à la force dudit parc & des équipages de ponts: ce Conducteur général rendra compte au Commissaire des guerres & du Corps-royal, des chevaux qui seront détachés de l'armée.

Il sera aussi attaché un Conducteur à chacune des compagnies qui serviront du canon de réserve, & un autre au petit parc de chaque réserve, tant pour servir audit parc, qu'à la suite de l'Aide-major de l'équipage.

64.

CHACUN des Conducteurs sera tenu de se pourvoir d'un cheval. Ils seront particulièrement chargés de veiller sur la tenue & la subsistance des attelages, de reconnoître & faire réparer les chemins, & enfin d'exécuter ce qui leur sera ordonné pour le service, par les Officiers du Corps-royal, avec lesquels ils seront détachés.

65.

POUR que chaque troupe ne quitte jamais ses Officiers & bas Officiers, & que chaque escouade puisse toujours soigner & ne jamais perdre de vue les pièces & les munitions qui lui seront confiées, ces pièces marcheront toujours suivies de leurs munitions & même de celles destinées à l'Infanterie lorsqu'il y en aura d'attachées; le tout escorté par son escouade.

Chaque Commandant de réserve, fera marcher toute sa réserve dans l'ordre prescrit ci-dessus; & il aura attention que les Chefs de brigades & autres Officiers marchent chacun à son poste, & répondent chacun de sa troupe.

66.

LE Commandant de chaque réserve sera commander

des travailleurs pris dans les Troupes attachées au service de l'Artillerie , avec le nombre qu'il jugera à propos de Soldats du Corps , pour les diriger & les aider à ouvrir les chemins, quand il le croira nécessaire.

67.

*On ne souffrira
sur les voitures
que les sacs
des Soldats
& Charretiers.*

IL ne sera souffert sur les pièces & voitures des munitions à leur suite, aucune tente & bagages , autres que les sacs des Charretiers, Canonniers, Sergens & Soldats attachés au service desdites pièces; lesquels sacs ne pourront cependant peser plus de dix livres chacun: chaque Chef répondra à son Officier de l'exacte observation de cet article, les Officiers subalternes en répondront aux Capitaines, & ceux-ci en seront responsables aux Officiers supérieurs: il sera cependant permis à chaque Conducteur attaché aux divisions, de placer sur les chariots d'outils, ou sur l'affût de rechange, leur tente & un porte-manteau qui ne pourra peser plus de trente livres.

68.

*Ordre de marche
des divisions.*

LE Commandant de chaque réserve, décidera de l'ordre dans lequel devront marcher les divisions qui seront à ses ordres.

69.

*Ordre de marche
du grand parc.*

LE Directeur du parc réglera l'ordre dans lequel marchera son parc, ainsi que les ponts quand ils y seront joints, & il distribuera les avant-gardes, arrières-gardes & pelotons qui seront nécessaires pour l'escorte: Il aura une attention particulière à ce que les sacs des Soldats ne soient que du poids fixé ci-dessus, que les Conducteurs n'aient pas des équipages trop forts, & que le tout soit réparti sur les voitures, de façon à n'en surcharger aucune.

70.

*Les Mineurs
marcheront
à la tête
du grand parc.*

LORSQUE les Mineurs ne seront point détachés avec les ponts, ils marcheront toujours en avant du grand parc avec un chariot d'outils, pour réparer les chemins.

71. DANS

121

71.

DANS les convois d'Artillerie, escortés par des Troupes qui ne seront pas du Corps, le commandement de l'escorte appartiendra à l'Officier le plus élevé en grade ou le plus ancien à grade égal, soit qu'il soit de l'Artillerie ou de toute autre Troupe; & si l'ancienneté est égale, à celui du plus ancien régiment: mais si ce n'est pas l'Officier du Corps-royal qui commande, ce sera toujours lui qui décidera de l'heure du départ & des haltes qu'il sera nécessaire de faire, qui disposera le parc & fera mettre les sentinelles qu'il croira convenables pour la garde; il lui sera fourni une ordonnance de la Troupe de l'escorte, quelque grade qu'il ait; & s'il est Colonel, on lui fournira de plus une sentinelle s'il n'a point de Troupe de son Corps.

TITRE IX.
Commandement
des escortes
des convois.

72.

LES Troupes du Corps-royal & celles qui seront affectées au service de l'Artillerie, camperont le plus près qu'il sera possible du parc, des réserves ou des divisions auxquelles elles seront attachées.

73.

LES divisions & réserves seront toujours gardées par les Troupes du Corps-royal, & par celles de l'Infanterie qui leur seront attachées pour le service de l'Artillerie : le premier des Canonniers, Artificiers, Bombardiers ou Sapeurs de chaque escouade, fera les fonctions de Caporal, & le second fera celles d'Appointé; & ils rouleront pour ce service avec ceux des Troupes d'Infanterie avec lesquels ils se trouveront.

L'Artillerie,
par qui gardée.

74.

LES Canonniers attachés au service du canon d'Infanterie de chaque bataillon, fourniront toujours dans le camp, un homme sans armes, qui restera auprès des pièces, indépendamment de la sentinelle que le bataillon auquel appartiendront lesdites pièces, y fera mettre: les Caporaux

Un Homme
d'ordonnance
du canon
d'Infanterie.

H h

& Appointés du Corps-royal, attachés à ces pièces, seront exempts de ce service.

75.

Garde du grand parc.

LE grand parc sera toujours gardé par les Troupes d'Infanterie qui lui seront attachées : les compagnies de Bombardiers qui s'y trouveront, fourniront seulement une garde qui sera fixée par le Directeur, pour faire des patrouilles autour du parc, d'heure en heure, pendant la nuit, & de deux en deux heures pendant le jour, pour la sûreté dudit parc, & pour reconnoître si les sentinelles sont attentives à exécuter leur consigne.

76.

LA garde du Commandant en chef de l'Artillerie, sera fournie par les compagnies de Mineurs & par celles de Canonniers qui pourront se trouver au grand parc, sans destination particulière : ces compagnies rouleront ensemble pour ce service, dans lequel en cas d'insuffisance, elles feront suppléées par les Troupes attachées à l'Artillerie.

Celle des Commandans des réserves, s'il leur en est dû par leur grade, leur sera fournie par les Troupes d'Infanterie dont on augmentera le nombre à cet effet dans leurs réserves : il en sera de même des sentinelles dûes aux Officiers supérieurs & aux différentes caisses.

77.

Capitaines exempts de garde.

L'INTENTION de Sa Majesté étant que les Capitaines du Corps-royal, chargés des divisions, donnent toute leur attention à la tenue des pièces, munitions & attirails, ainsi que des chevaux de leurs divisions, & que les autres soient uniquement occupés des différentes fonctions dont ils feront chargés, Elle veut bien les exempter de monter la garde; mais ils seront assujettis aux autres services, comme escortes & corvées. Sa Majesté exempte aussi de *Lieutenans de Bombardiers attachés au grand parc.* monter la garde, les Lieutenans des compagnies de Bombardiers qui feront attachés au parc, lesquels aideront aux détails, fous les ordres du Directeur du parc, qui ne

123

pourra cependant les détacher de leur Troupe, que dans les cas de nécessité.

Les autres Lieutenans du Corps, monteront la garde quand il en sera besoin, avec ceux des Troupes attachées au service de l'Artillerie.

Les Officiers des compagnies d'Ouvriers, ne feront aucun autre service que celui des parcs & des ponts.

Officiers d'Ouvriers ne feront d'autre service qu'aux travaux du parc.

78.

QUAND les compagnies de Mineurs, ne seront point occupées de leur service particulier, elles seront destinées de préférence, à aider les Ouvriers dans les constructions des ponts ; & dans le cas où l'armée auroit de grands retranchemens à faire, si les moyens ordinaires des Ingénieurs ne suffisoient pas, lesdites compagnies seront employées à la conduite desdits retranchemens, sous les ordres du Commandant du Corps des Ingénieurs.

Les Mineurs aideront aux travaux des ponts & aux retranchemens.

79.

CES compagnies camperont au parc, près des compagnies d'Ouvriers ; & elles ne fourniront que leur garde de police & celle du Commandant en chef de l'Artillerie, quand elles en seront à portée.

Ils ne fourniront que leur garde de police & celle du Commandant en chef de l'Artillerie.

80.

SA MAJESTÉ jugeant qu'il est du bien de son service, que les Officiers généraux & autres Officiers supérieurs du Corps-royal, se livrent entièrement au service de l'Artillerie, Elle ordonne que lesdits Officiers généraux, ainsi que les Brigadiers dudit Corps, qui seront pourvus de Lettres de service, ne fassent qu'une fois pendant la campagne, ainsi que les Colonels & les Lieutenans-colonels, le service de jour à l'armée, suivant leurs grades & le rang du Corps-royal.

Officiers généraux du Corps, ne prendront jour à l'armée qu'une fois par campagne.

81.

SA MAJESTÉ, en confirmant son Ordonnance du 18 septembre 1723, concernant la manière dont il doit être procédé contre les Soldats, Cavaliers & Dragons, & tout

Procédure contre les vols.

autre particulier convaincu d'avoir volé des pièces & munitions d'Artillerie, veut que les Conseils de guerre qui se tiendront dans les armées, pour le jugement des crimes de cette espèce, soient assemblés chez le Commandant de la division où le délit aura été commis, & composés des Capitaines & autres Officiers du Corps-royal; & que le Major de l'équipage, ou à son défaut, un de ses Aides, soit chargé de l'instruction du procès.

82.

Dépôt de Troupes & de munitions, pour remplacer les consommations de l'armée.

DÈS que les armées entreront en campagne, il sera formé sur chaque frontière, un dépôt d'Artillerie, pour être à portée de remplacer les munitions & attirails qui seront consommés auxdites armées : Sa Majesté désignera le nombre de Troupes du Corps-royal qu'Elle jugera convenable pour faire les manœuvres de ces dépôts, ainsi que pour fournir les détachemens qu'il sera nécessaire de faire marcher avec les différens convois qui seront envoyés, & sur-tout pour exercer les recrues destinées aux régimens du Corps-royal qui seront en campagne; Sa Majesté voulant qu'il ne soit envoyé aucun Soldat auxdits régimens, qu'il n'ait été préalablement assez exercé pour pouvoir être employé utilement au service de l'Artillerie.

83.

L'OFFICIER du Corps-royal, qui commandera dans le lieu du dépôt, fera les dispositions nécessaires pour exercer les recrues qui lui seront envoyées; il rendra compte au Commandant de l'Artillerie à l'armée, de leur état & des progrès de leur instruction, pour que ce dernier puisse prendre les ordres du Général de l'armée, & tirer successivement ce qui lui sera nécessaire pour les remplacemens à faire dans les régimens du Corps-royal, employés à ladite armée.

TITRE X.

Du service du Corps-royal dans les Siéges.

ARTICLE PREMIER.

LORSQU'IL sera question de faire un Siége, Sa Majesté donnera des ordres pour y employer la partie qu'Elle jugera nécessaire, des Troupes affectées au dépôt de l'Artillerie de l'armée.

Troupes du Corps-royal, destinées à l'équipage de siége.

2.

LES Troupes du Corps-royal, attachées au canon des bataillons d'Infanterie qui seront destinés à faire le siége, s'y rendront aussi, de même que celles attachées au canon de réserve que le Général de l'armée jugera à propos de retrancher des réserves; & si ces Troupes ne suffisent pas, Sa Majesté y pourvoira d'ailleurs.

S'il ne se trouvoit pas assez de Sapeurs parmi les compagnies attachées au service du canon des bataillons qui seront envoyés au siége, on tireroit de l'armée les autres compagnies de Sapeurs, en les faisant remplacer par des compagnies de Canonniers.

3.

LORSQUE Sa Majesté donnera des ordres pour assembler un équipage de siége, Elle nommera le nombre d'Officiers du Corps-royal qu'Elle jugera nécessaire pour ledit équipage, tels qu'un ou plusieurs Commandans, un Major & des Aides-major, un Directeur & un Sous-directeur du parc, avec plusieurs Officiers de détails; Elle nommera pareillement un Garde d'Artillerie, des Conducteurs de charroi & autres Employés, dont le nombre sera déterminé suivant la force de l'équipage.

Officiers & Employés nommés pour l'équipage de siége.

Sa Majesté nommera aussi un Commissaire des guerres & du Corps-royal, & il sera envoyé à ce siége un des Commis du Trésorier général de l'Artillerie.

4.

LORSQUE le Roi aura nommé au commandement de l'Artillerie du siége, ce commandement sera séparé de celui de l'Artillerie de l'armée, & quand même l'armée employée à couvrir le siége, viendroit à se réunir avec celle qui seroit chargée de le faire, les deux commandemens resteroient toujours séparés.

5.

LE Commandant de l'Artillerie du siége, fera rassembler les bouches-à-feu, munitions, attirails & approvisionnemens qui auront été ordonnés pour le siége. Il reconnoîtra la place conjointement avec le Commandant des Ingénieurs, & ils en rendront compte au Général commandant le siége, de qui ils prendront les ordres.

6.

DÈS que le front d'attaque aura été déterminé par les ordres du Général, le Commandant de l'Artillerie lui fera agréer la position du parc, ainsi que celles des dépôts, généraux & particuliers qu'il aura reconnus.

7.

AUSSITÔT que les travaux du siége seront commencés, le Commandant en chef de l'Artillerie ira tous les jours chez le Général, pour s'informer de leurs progrès, lui proposer la construction des batteries dont il aura reconnu les positions, & recevoir ses ordres.

8.

CE Commandant rendra compte journellement au Secrétaire d'État ayant le département de la guerre, des progrès des travaux de l'Artillerie, & lui fera connoître par des plans, la position des batteries & la direction de leurs feux.

9.

LES Troupes du Corps-royal & celles de l'Infanterie qui seront destinées au service de l'Artillerie, camperont au parc & y fourniront les gardes néceffaires aux ordres du Directeur: obfervant que les Mineurs doivent être chargés de la garde des poudres, jufqu'au moment où ils devront s'occuper de leur fervice particulier.

10.

LES Officiers généraux ou autres Officiers fupérieurs qui feront nommés pour commander en fecond l'Artillerie de fiége, aideront le Commandant en chef dans fes fonctions & le fuppléeront au befoin.

11.

LES Colonels, Lieutenans-colonels & Chefs de brigades qui feront employés au fiége, à l'exception du Major & du Directeur du parc, rouleront enfemble pour le fervice de la tranchée. Ils feront alternativement commandés pour vifiter & faire exécuter les travaux ordonnés par le Commandant de l'Artillerie, & ils pourvoiront à tout ce que les circonftances imprévues pourroient exiger. Ils feront relevés toutes les vingt-quatre heures.

Le Commandant en chef de l'Artillerie pourra, fuivant le nombre des Officiers fupérieurs & les befoins du fervice, en faire commander plufieurs par jour, lorfqu'il le jugera à propos.

12.

LE Directeur du parc, d'après les ordres qu'il aura reçus du Commandant en chef, difpofera de l'arrangement de fon parc, pour que le fervice s'y faffe librement & fans confufion: Il rendra journellement compte à ce Commandant, des confommations qui s'y feront; il le préviendra des remplacemens qu'il fera à propos de faire, & il ordonnera feul du fervice des Ouvriers. Les Officiers de ces compagnies feront affectés au parc, & le Directeur pourra les employer comme les autres Officiers qui feront attachés aux détails.

13.

LES batteries de canon feront conftruites & fervies par

les compagnies de Canonniers; celles de mortiers, obusiers & pierriers, le seront par les compagnies de Bombardiers: les unes & les autres rouleront entr'elles suivant l'ancienneté des Capitaines qui les commanderont; de sorte que le premier Capitaine de Canonniers aura la première batterie de canon qui sera tracée, le deuxième Capitaine aura la seconde, & ainsi de suite; on en usera de même pour les compagnies de Bombardiers.

14.

S'IL se trouvoit quelque compagnie dont le Capitaine titulaire fût absent, ou hors d'état de servir, le Commandant en chef du Corps pourra le faire remplacer, pendant la durée du siége, par un des Capitaines attachés à l'équipage.

15.

DANS le cas du service ordinaire, chaque escouade sera chargée de deux bouches-à-feu.

Les quatre Sergens de chaque compagnie, rouleront entr'eux pour qu'il y en ait toujours un à la batterie.

16.

CHAQUE escouade fournira à raison de deux hommes pour chaque pièce, soit pour la construction des batteries, soit pour le service des pièces; en observant que le Caporal, l'Appointé & les deux premiers Canonniers, roulent ensemble & soient commandés alternativement, pour que l'un d'eux soit toujours Chef de la partie de l'escouade qui sera employée chaque jour pour lesdites pièces, en sorte que le Caporal marchera avec le premier des Canonniers en second & deux Apprentis; l'Appointé sera ensuite commandé avec le deuxième des Canonniers en second & deux Apprentis, & ainsi de suite, jusqu'à ce que l'escouade ait coulé à fond.

17.

SI la compagnie a moins de huit bouches-à-feu à servir, dès qu'une escouade aura coulé à fond, elle sera relevée par une de celles qui n'auront pas encore servi.

Lorsque

129

Lorsque le nombre des bouches-à-feu sera impair, la pièce qui ne sera pas couplée, sera servie par une demi-escouade, qui sera relevée quand les Chefs de pièce de cette demi-escouade auront coulé à fond.

Dans le cas où les escouades seroient affoiblies par les pertes, on réduira le nombre des Chefs de pièces, de huit à six, ou même à quatre s'il est nécessaire; & alors l'escouade au lieu de fournir au service de ces pièces pendant quatre jours, n'y fournira que pendant trois ou deux jours.

18.

SUIVANT l'ordre de service établi par les articles précédens, une escouade pourra dans tous les cas, servir deux bouches-à-feu.

19.

LORSQUE toutes les compagnies auront fait leurs batteries, & qu'il faudra en recommencer d'autres, les Capitaines dont les batteries seront éteintes, seront les premiers à marcher.

20.

SI, tous les Capitaines étant employés, il y avoit de nouvelles batteries à construire, alors ceux des Capitaines qui auroient le moins de pièces, ou dont les batteries seroient les moins intéressantes, ne laisseroient de Canonniers dans leurs batteries, qu'à raison d'une escouade pour deux pièces, avec un Officier & deux Sergens pour les commander; & les autres Officiers marcheroient avec le reste des escouades de la compagnie, pour construire & exécuter la nouvelle batterie.

21.

ON observera, autant qu'il sera possible, que les deux batteries faites par un même Capitaine, soient à portée l'une de l'autre; & pour cet effet, ainsi que pour d'autres raisons, le Commandant pourra déranger l'ordre dans lequel les Capitaines devoient commencer de nouvelles batteries, & même faire faire, par une seule compagnie,

TITRE X.

K k

le service de deux anciennes batteries, pour charger une compagnie entière d'en construire une nouvelle.

22.

TOUS les Officiers de la compagnie, assisteront à l'établissement de la batterie, pour en reconnoître l'objet & le tracé ; ensuite le Capitaine gardera avec lui ceux qu'il jugera lui être nécessaires pour la faire construire ; & comme il doit répondre de la prompte exécution de sa batterie, il y restera jusqu'à ce qu'il soit sûr que le travail ne pourra souffrir de son absence ; & il s'y trouvera avec tous les Officiers de sa compagnie lorsqu'il devra mettre ses pièces en batterie : lorsque la batterie tirera, il réglera le nombre des Officiers qui devront y rester, en conséquence des ordres qu'il aura pris du Commandant.

23.

LORSQUE les batteries auront besoin de communication avec la tranchée, elles seront dirigées par les Officiers des batteries, & exécutées par les Travailleurs de l'Artillerie.

24.

LE Major de l'équipage de Siége, fera les mêmes fonctions & détails dont est chargé le Major de l'équipage à l'Armée. Il recevra les ordres du Commandant de l'Artillerie de siége, pour les donner au premier Aide-major qui les portera au Directeur du parc, lequel y ajoutera ses demandes ; après quoi l'Aide-major ira les distribuer au cercle.

25.

LORSQUE les Troupes du Corps-royal & celles qui y seront attachées, ne suffiront pas pour le service de l'Artillerie, le Major de ce Corps s'adressera au Major général de l'Infanterie, pour en faire fournir des bataillons de la ligne, le nombre dont on aura besoin.

26.

LE Major de l'équipage dressera un état des Travailleurs

qui auront été employés pendant le siége, pour le service de l'Artillerie. Cet état sera arrêté par lui, & vérifié par le Commissaire des guerres & du Corps-royal, pour servir à la décharge du Trésorier.

TITRE X.

27.

LE premier Aide-major tiendra un registre exact de ces Travailleurs, en distinguant ceux que chaque Troupe aura fournis, & la nature de l'ouvrage auquel ils auront été employés : chaque Officier sous les ordres duquel ils l'auront été, donnera un certificat du nombre des Travailleurs, & du temps pendant lequel ils auront travaillé ; & ce ne sera qu'après que le premier Aide-major aura visé ledit certificat, qu'ils pourront en être payés par le Trésorier : ce payement sera & demeurera fixé :

Fonctions du premier Aide-major de l'Équipage.

SAVOIR;

	Pour le jour.	Pour la nuit.
A chaque Travailleur, quinze sous pour le jour, & vingt sous par nuit, ci	#ˡ 15ˢ	1ˡ #
A chaque Sergent de Travailleurs, trente sous pour le jour, & quarante sous par nuit, ci	1. 10.	2. #
A chaque Canonnier, vingt sous pour le jour, & vingt-cinq sous par nuit, ci	1. #	1. 5.
A chaque Sergent-major, Sergent & Fourrier de Canonniers, quarante sous pour le jour, & cinquante sous par nuit, ci	2. #	2. 10.

28.

LE Major enverra tous les matins un Aide-major de l'équipage à l'Officier supérieur du Corps, qui sera de tranchée, pour recevoir ses ordres & aller ensuite, dans les différentes batteries, prendre l'état des détachemens qui y seront nécessaires, ainsi que des munitions dont elles pourroient avoir besoin, pour en rendre compte audit Major, ainsi qu'au Directeur du parc.

Service des autres Aides-major de l'Équipage.

29.

LE Commandant de chaque batterie enverra au parc,

TITRE X.

une ordonnance avec un état de tout ce qu'il sera nécessaire d'envoyer à sa batterie, assez à temps pour que le détachement qui doit le relever, puisse en apporter le tout ou partie.

30.

Relèvement des batteries.

LES batteries seront relevées deux heures avant la nuit; le premier soin des Officiers qui y arriveront, sera d'en examiner la direction : ils prendront connoissance de tout ce qui pourroit y être nécessaire pendant la nuit; & les Officiers relevés en feront passer l'état au Directeur du parc.

31.

Distribution des Travailleurs.

UN des Aides-major de l'équipage, ira tous les jours au parc, à l'heure à laquelle les détachemens s'assembleront pour relever les batteries : il les distribuera chacun à sa destination, & le Directeur du parc leur fera fournir tout ce qui leur sera nécessaire.

32.

Les Sapeurs camperont près du dépôt de la tranchée.

LES compagnies de Sapeurs camperont à portée du dépôt de la tranchée sitôt qu'elle sera ouverte, ainsi que les Volontaires de la ligne qui leur seront joints : leur Commandant sera aux ordres de celui du Génie; il enverra tous les jours pour leur service particulier, un Lieutenant en troisième chez le Major des Ingénieurs, & prendra lui-même, le plus souvent qu'il pourra, les ordres du Commandant de ce Corps.

Il enverra aussi tous les jours, un Fourrier chez le Major de l'Artillerie, qui sera chargé de pourvoir à leur subsistance.

33.

Service des Mineurs.

DÈS que les Mineurs commenceront à travailler aux préparatifs de la mine, ils seront relevés à la garde des poudres par les autres Troupes de l'Artillerie.

34.

LES outils & les approvisionnemens nécessaires aux

Mineurs.

Mineurs, feront fournis, comme il eft d'ufage, par le parc de l'Artillerie.

35.

LE Commandant des Mineurs fera chargé dans l'attaque, ainfi que dans la défenfe des Places, de tout ce qui pourra concerner la partie des mines; il propofera fuivant l'ufage, au Général commandant le Siége, les moyens, qu'il croira convenir le mieux aux circonftances : il prendra fes ordres immédiatement, & lui rendra compte de fes opérations, qu'il aura foin de concerter toujours avec les Commandans de l'Artillerie & du Génie.

Commandant des Mineurs, chargé perfonnellement de la direction des mines.

36.

LE Commandant des Mineurs enverra tous les jours, un Officier-major chez le Major des Ingénieurs, pour faire porter fur l'état des Travailleurs à demander de la ligne, ceux qui feront néceffaires au fervice de la mine : il enverra également chez le Major de l'Artillerie, pour recevoir le mot & les ordres néceffaires à la fubfiftance de fa Troupe.

Travailleurs de la ligne; à qui demandés.

37.

LES Mineurs feront payés de leurs travaux, fur un état certifié par les Officiers qui les auront employés, & vifé par le Commandant de ce Corps : le prix toujours proportionné à la difficulté & aux dangers, fera affimilé à celui qui aura été accordé pour les travaux des Sapeurs, & fera arrêté de concert entre le Commandant du Génie & celui des Mineurs. Les Travailleurs qui feront fournis aux Mineurs par l'Infanterie, feront payés fur les certificats des Officiers de Mineurs qui les auront employés, après avoir été vifés par l'Officier chargé de ce détail à la tranchée : le prix de leur travail fera réglé de même par le Commandant du Génie & celui des Mineurs.

Travaux des mines; par qui payés.

38.

LES Sergens des compagnies de Mineurs, n'en feront plus tirés pour être attachés aux Ingénieurs; Sa Majefté

Sergens de Mineurs, ne feront plus attachés aux Ingénieurs.

L l

jugeant à propos de déroger à l'article 36 de son Ordonnance du 10 mars 1759.

39.

LE Commissaire des guerres & le Commis du Trésorier général du Corps-royal, attachés à l'équipage de Siége, y feront les mêmes fonctions que celles qui sont prescrites aux Commissaires des guerres & aux Trésoriers employés à la suite des équipages de campagne.

40.

QUAND la Place sera sur le point de se rendre, le Commandant de l'équipage de siége, proposera au Général de l'armée, les Officiers du Corps-royal qui devront aller reconnoître & mettre en ordre les magasins, & tout ce qui concerne l'Artillerie de la Place.

41.

LES Officiers destinés au service de cette Place, y feront installés par l'Officier supérieur du Corps-royal, qui sera détaché pour cette opération, le jour de la reddition de la Place; & le Commissaire des guerres & du Corps-royal s'y trouvera en même temps.

42.

CET Officier supérieur traitera du rachat des cloches qui se trouveront dans la Place, de concert avec un autre Officier qui sera nommé à cet effet par le Commandant de l'équipage, & avec le Commissaire des guerres & du Corps-royal. Le prix de ce rachat sera remis entre les mains du Commis du Trésorier général de l'Artillerie, pour être ensuite distribué, sur les ordres du Secrétaire d'État ayant le département de la guerre, aux Officiers & Employés de l'Artillerie qui auront assisté au siége, ou qui auront fait les convois pour l'approvisionnement dudit siége.

43.

ON procédera aussi sur le champ, suivant l'usage ordinaire, à la reconnoissance & à l'inventaire provisionnel

135

des effets & munitions d'Artillerie qui feront dans la Place, & dont on chargera le nouveau Garde qui fera nommé. L'Officier fupérieur du Corps-royal, fous les ordres duquel s'exécuteront tous les arrangemens qui y font relatifs, reftera dans la Place jufqu'à la clôture de l'inventaire.

TITRE X.

44.

AUSSITÔT que le Commandant de l'équipage aura reçu ledit inventaire, il en adreffera copie au Secrétaire d'État ayant le département de la guerre.

MANDE & ordonne Sa Majefté aux Officiers généraux ayant commandement fur fes Troupes, aux Gouverneurs & Lieutenans généraux dans fes provinces, aux Gouverneurs & Commandans de fes villes & places, au premier Infpecteur & Infpecteurs généraux du Corps-royal de l'Artillerie, aux Intendans dans fes provinces, fur fes frontières & dans fes armées, aux Commiffaires des guerres & du Corps-royal de l'Artillerie, & à tous autres fes Officiers qu'il appartiendra, de tenir la main à l'exécution de la préfente Ordonnance qui aura lieu à commencer du 1.er Janvier 1777; dérogeant à toute autre qui pourroit lui être contraire.

FAIT à Fontainebleau le trois Novembre mil fept cent foixante-feize. *Signé* LOUIS. *Et plus bas*, SAINT-GERMAIN.